【文庫クセジュ】

博物館学への招待

リュック・ブノワ著
水嶋英治訳

白水社

目次

凡例

一、本書は Luc Benoit, *Musées et Muséologie*, Paris（coll.《Que sais-je?》n°904, P.U.F., 1971）の全訳である。

一、本書に登場する博物館名および建造物名（教会、修道院、宮殿）等は可能なかぎり日本語に訳した。

一、「博物館」または「美術館」の用語選択は館の設立趣旨や取り扱う資料内容によって適宜訳出したが、日本名が一般的に普及している場合は、それを優先した。

一、文献標題と芸術作品名は『』で示し、原著の強調は《》、イタリック部分または訳語の強調は「」で括った。

一、例外を除いて、注はすべて訳注である。訳注を文中に挿入する場合は、〔〕を用いた。

一、地名は日本語で通用している発音を用いた。

一、邦文で読める参考文献を訳者補足として巻末に記した。

はじめに

古文書館、図書館、博物館は、保存機関である。最も確かな証拠、最も価値あるもの、人類誕生以来最も持続力のあるものを、保存しておく場所である。しかし、この三つの機関には大きな違いがある。博物館は古文書館や図書館を補完する機関ではない。これらは、それぞれ重要な役割を果たしている。一世紀前あたりから、物資文明と言語文明が氾濫しているような兆候が見られる。文化は、文字なくして始まることはないし、また、ヴァレリーが構想した都市計画のように建設された都市なくしても始まらない。これと同じように、資料がなければ文化は成り立たないのである。というのは、資料の前には道具が存在していたし、その道具の前には記号が存在していたからである。私たちの現代文明、たとえば映像、映画、テレビは、最も素晴らしい形態である芸術の古典文化と一緒になって新しい何かを生み出そうとしている。

すぐに消え去る流行の偶然的な歴史基準が崩壊するなかで、古代史料や実用性から切り離された記号や思想などは、逆説的な方法によって美と希少性の思想に、より高い評価が与えられている。世界通貨の失墜などものともせず、芸術は避難資本となり、美は金価値となった。同時に、大衆から無視されてきた貴重なコレクションが眠っている博物館は、埃《ほこり》だらけの睡眠から抜け出したのである。世に埋もれた傑作や寄託品が収集された博物館は、寺院や銀行、研究所と同じように敬《うや》まわれる施設になった。もはや、博物館は偏屈者の排他的な分野とは考えられなくなった。博物館の機能と状態は、他の特定の職業には依存しなくなり、かつ、然《しか》るべき報酬も得られるようになってきた。こうして、博物館に勤めるスタッフたちによって始められた世界の博物館の改革から、博物館学は誕生したのである。

雲脂《ふけ》まみれの古参の考古学者、田舎のヘボ絵描き、鼻眼鏡をかけた間抜け者は、《古き良き時代》の軽喜劇のなかでしか見られなくなった。こんにちの学芸員《コンセルバトゥール》(1)は活動的な発掘の監督官である。あるいは、複数の活動をカバーして数か国語に通じ、高等教育修了証書を取得した才女である。学芸員《コンセルバトゥール》は現代科学の多様な仕事をこなすよろず屋でもある。美術史、文明史の専門家であり、日付と名称に関しては無敵の碩学である。作品の真正性を評価できるエキスパートであり、その作品を検査するべきか購入するべきかを心得ており、しかも芸術家にも精通している経理部長である。大規模な博物館の予算を管理する管理職であり、自分の信じる資料保存法について最新の発見を利用できる技術者でもある。学芸員《コンセルバトゥール》は同時に室内装飾家である。原典とそこから連想させるものを調和させ、展示する。また、博物館のなかで若い人たちに対して指導する教育者でもある。時に、博物館を充実させ、寄贈や遺贈を受けるために愛好家との間に良い関係をつくりだす外交官でもある。さらに、時間が充分にあれば、記事や本を書く筆の立つ作家である。

本書は、新しいプロテウス[2]〔学芸員のこと〕にとって座右の書となるように提示したつもりである。私はルーヴル美術館の彫刻部をかわきりに、ヴェルサイユ宮殿という歴史博物館に移り、続いてフランスで最も古い絵画館のひとつであるナント市美術館とデュック美術館へ、そして最後はブルターニュ地方の装飾芸術現代美術館で仕事をしてきた。本書を書く資格としては、さまざまな経験を持つ以外に肩書はない。

(1) コンセルバトゥールは学芸員と訳されるが、日本の博物館行政制度における学芸員と同義ではない。フランスでは、一九九〇年代のはじめ博物館行政制度の改革があったため、「文化財保存行政官」という意味あいのほうが強くなっている。
(2) 変身能力を持ち、予言を行なう海神。

第一章　コレクションの精神

I　収集

公共博物館の多くは、一個人または複数の人物が年月を経るにつれて増やしてきた私蔵コレクションに由来するものである。このような私蔵コレクションがなかったとしたら、博物館は存続しないだろう。したがって、コレクションと呼ばれる現象がなぜ起きるのかを究明することは重要である。

この問題はこれまで充分に解明されてこなかったが、収集するという行為は、ある種の人びとにとって、理屈以前の必然、あるいは本能、また、不満感や漠然とした無力感から来る衝動などを満足させるものであるようだ。このような収集癖は、ケナガイタチ、カナダクズリ、オコジョのような動物に見うけられる、食糧を次々に貯め込む習性にも似ている。しかしこの場合、こうした行動は利害を超えた行為ではない。根拠もなく《収集する》という行為は、パタゴニアに棲息するある種のネズミや、アメリカのボルチモア・ムクドリモドキ、インドのキムネコヨウジャクなどに見られる、不明確な要素の一つである。また、よく知られているように、サルや耳なしフクロウ、カササギ、カラスなどは、金や宝石といった光る物を熱心に集める習性があり、窃盗と誤審される原因となった有名な例さえある。

収集癖の特徴は、明らかな無償性である。この点において、オーストラリアやニューギニア島に棲息するカンムリニワシドリを、最も収集習性が顕著な動物として位置づける必要があるだろう。この鳥は、慎重にかき集めてきた宝物を、赤紫色のブドウの果胞で梳《す》き、貝殻や石、羽毛などの光るもので飾り、それらを貯蔵するためのアーチや庭を作って、きちんと並べ、頻繁に新しく取り替える習性がある。これは婚礼の儀式なのだろうか。それとも、単なる飾りたてる本能、または他の用途の一つなのだろうか。生物の行動は、ほとんどの場合、つねに多様な要因が絡み合っているため、一つの動機を重視して、他を排除してしまうと、慎重さを欠いたことになるだろう。

さて、ここで人間の話に戻ろう。子どもは三歳になると、手当たり次第にさまざまなものを集めはじめることが確認されている。この点についても、心理学者は、それが身の回りの物を認識するためなのか、あるいは自分の所有物であることの確認のためなのかを説明することに躊躇する。しかし、おそらく、その二つの理由だけでは充分ではないだろう。七歳から十二歳の間に、ビー玉から切手にいたるまで様々な物を収集する癖は、子どもが自己の観念を確立するために、外界世界を分類したいという要求を抱くためである。家出癖のある子どものほうが、また、家庭の問題を抱える子どものほうが収集にのめり込みやすいということが指摘されてきた。《収集癖のある子ども》は、自分の不安定な感情や、愛情に飢えた気持ちをなだめようとするのだろう。

思春期に入ると、子どもはもはや収集[1]をしなくなる。自分より小さな友達に、自分がこれまで収集してきた切手を売るようになるのはこの時期である。収集の第二段階は、十五歳から二十五歳の間に始まり、幾分、遺伝的に、それもしばしば隔世遺伝で、ある人びとが収集に対する使命感を明確に持ちはじめる。歴史上においても、メディチ家、フッガー家、ハプスブルク家、バロワ家、ロスチャイルド家など、その使命を持った一族が知られている。

(1) 収集には「蒐集」という文字も使われるが、歴史的な内容の場合の場合は「蒐集」を、こんにち的な意味では「収集」を用いている。

蒐集家の世界では、品質と専門性のランクを見分ける必要がある。初めて蒐集家と呼ばれる人びとが見られるようになったのは十六世紀のことである。彼らは《物好き》と呼ばれ、とくに珍しい突飛な物や《自然の戯れの産物》〔化石や奇岩など〕、技術的な技による作品などを集めている人たちだった。やがて、愛好家が現われ、その収集対象は、自分自身を楽しませるもの、または少なくとも対象の美しさが動機となった。愛好家は享楽家であり、より広義には完璧さと新しさを追求し、前衛的な様式、未来の芸術を生み出す芸術の庇護者である。

いわゆる蒐集家は、より専門的で、それゆえに、より博識である。そのため、より高いレベルに身を置いている。自分が専門に収集している分野のすべてを揃えたい、とりわけ、それを手に入れることによって一揃いが完成するような貴重な作品を集めようとする熱心な愛好家であり、情熱家である。その上、蒐集家が同時に趣味のよい人間であれば、自分が得意としている分野の専門家たちに対して意見を述べることのできる耽美的かつ専門的な《知識人》になる。同じ分野における異なる項目は実質的に切り離すことはできない。参照し合い、補足し合うものである。

Ⅱ　コレクションの動機

収集に対する情熱の奥深い動機のなかには、共通した幾つかの理由が認められる。第一に挙げられるのは、あらゆる伝統、過去や古いものに対する尊敬の念から来る感情である。この感情から、絵画におけるさまざまなジャンルの最高傑作が誕生したり、一般的には、先祖の礼拝につながる肖像画が描かれたりするのである。聖遺物の礼拝は、最高とも言える感情表明に相当する。一方で、どの蒐集家にも一様に、徹底した所有本能や節約本能、また、劣等コンプレックスに陥りやすい愛好家特有の悪徳、貪欲な根性が見受けられる。

蒐集家に詳しいライン氏は「偉大な蒐集家の多くは、身長が低いか、または小国家に属している者である。あるいは、スイスのような国家的意味で、またはユグノーやユダヤ人のような宗教的意味で、または独身者のような社会的意味でのマイノリティーに属する者だ」と述べている。このように、自分自身に対して自信が持てない人間にとって、コレクションはその埋め合わせをする役割を果たしている。彼らは、コレクションによって偉大になり、守られ、評価されるのである。

愛好家のなかには、上流気取りで、その豊かさを見せることに快楽と驕りを見出す者もいる。なぜなら、そうすることが社会階級を無視する一つの有効な方便になるからである。ある意味で、確実に名を世に残すために、自分の財産を博物館に寄贈するのも、またこのような人間である。もしアメリカに彼らの豪華絢爛たる寄贈品がなければ、メロン、クレス、フリック、グッゲンハイムといった名前を誰が知ることができただろうか。

一方、エゴイズムゆえに自分の所蔵する掘り出し物を隠す者もいる。どのような時代にも、このように嫉妬深い人間は存在した。古代エジプトのファラオであるツタンカーメンは、自分の杖のコレクションと一緒に自分を埋葬させた。十八世紀には、エストレ元帥が、生前は誰も、彼自身さえも開けたことのなかった五万二〇〇〇冊に及ぶ蔵書を地下の書庫に眠らせていた。現代の例では、いまは亡きグルベンキアンがイエナ通りの邸宅を誰にも公開しなかった。このように交際嫌いな人びとの喜びは、独占することにあった。

最後に、コレクションの動機が他のいかなる理由でもなく、真に芸術に対する愛であることもある。多くの芸術家がそのよい例である。たとえば、ルーベンスは、アンビェールの自分の屋敷に、偉大な芸術家たちの作品を五十数点（うち一〇点はティッィアーノ）を集めていた。彼にとって自分自身の作品は、たとえば、ダドリー・カールトン卿の《古美術品》を手に入れるための交換資金であった。

しかし、充分な財力に恵まれない芸術家たちのなかには、一六五六年に破産宣告をしたレンブラント、一七三二年に弁済不能のために死を選んだ家具職人ビルの例のように、この楽しみのためにはついに破滅の憂き目に会う者もいた。裕福な愛好家でも、節約することでしか難局を切り抜けることができなかった例もあった。金物工芸博物館の創設者である、かの驚くべきアンリ・ル・セック・デ・トゥルネルは、乞食のような格好をして、昼食はパンのクルトンと古くなったチーズで済ませていたために、購入したばかりの館の番人に追い出される羽目に陥った。

「珍奇品を収集しようとする情熱は非常に強烈であり、対象がよほど取るに足らない物でない限り、愛情や野心に屈することはない」とラ・ブリュイエールは書いている。それほどまでに、この情熱は通常の生活状態をかき乱し、酒乱者やギャンブル好き、麻薬中毒者の執念にも通じるところがある。さらに程度が進むと、道徳観念の限度を超えてしまい、詐欺師や泥棒になることも辞さない蒐集家さえ見られるのである。古代ローマ時代の執政官であったベルスは、地中海沿岸一帯に自分の仲介人を置いて、手当たり次第に買いあさった。その彼に、コリントの食器を譲ることを拒否されたライバルのマルクス・アントニウスは、彼の下に送った彫金細工を施した杯に入れられた毒を盛って、ベルスを死に追いやったのである。十九世紀には、カンパナ侯爵が背信行為と虚偽の罪で禁固二〇年の刑に処せられ、その大切なコレクションをナポレオン三世に譲らなければならなくなった。その他にも、皇帝ロドルフ二世、ベリー公、シャルル六世の伯父など、その地位のために刑罰を免れたものの、評判の高い蔵書略奪者は数多くいる。

コレクションの対象については、あらゆるものが対象になりうる。また実際、そのようになっている。最高傑作の美術品から、パイプ、チーズのラベル、剝製のカエル、名刺、葉巻ケースにいたるまで、対象にならないものはない。しかし、これら美術品の名残りのなかから、単なる快楽を目的としたものと、趣味の形成を目指したものをきちんと見分けなければならない。

これまでに、幾度となく博物館は何の役に立つべきかと問われてきた。美術品を持つことのできない人たちのギャラリーとなることが、一つの、そして最も重要な役割である。

第二章　コレクションから博物館へ

I　古代、中世

博物館という言葉はギリシア語の「ムセイオン」（mouseion）の訳である。これは、アテネのヘリコンの丘に建てられた、ムーサ〔音楽、学門の女神〕に捧げた神殿につけられた名称である。すべての神殿の例に違《たが》わず、この神殿にも宝庫があった。もし、ギリシア人が「ピナコテーク」という言葉を使わなかったとしても、絵画を集めたものを表現するために、神殿の中身に建物の名前が取られたことが推測できるだろう。ちなみに、ピナコテークとは、紀元五世紀にプロピュライア〔楼門〕の翼室につけられた名前であった。パウサニアス〔古代ギリシアの旅行家〕の言葉によると、このピナコテークにはポリュグノトスの絵画が収められていたという。こんにちでも、ドレスデンやミュンヘン、ミラノの絵画美術館を指す言葉となっている。

紀元三世紀に、プトレマイオス・フィラデルフ〔プトレマイオス二世〕はアレクサンドリア宮殿内にムセイオンを建設した。ここには、有名な図書館の他にも円形劇場、食堂、観測所、自習室、植物園、動物園、また、司教の管轄下に置かれた大学や、アカデミー、神殿など、すべてが含まれていた。最初の博物館は、芸術品自体や伝統的な教育がそうであったように、宗教色を帯びたものだった。博物館は、神々に対する感謝の念の証しとして神殿に置かれた宝物を一つにまとめたものだった。そして、神々が死んだときに初めて、博物館となった。

「博物館は《必要悪》を形成している」とF・H・テイラーは述べている。また、トーレは「博物館は《遺作品の避難場所》である」と語っていた。事実、元来はそばに置かれる宿命にはない種々雑多な物の集合体が、一般にそれらを収蔵するため造られたわけではない場所に置かれているのである。それらは破損したモニュメントの破片や、失われた過去の証拠品、昔の宗教儀式の聖遺物である。とりわけ、それらの多くは戦利品であったため、物の磨耗や毀損、風俗の変遷、人類の無知、怠慢、略奪本能を証しうるものである。実際、ローマに博物館ができたのは、レギオン軍団によってギリシアを征服したときである。紀元前二一二年のシラクサの略奪や紀元前一四六年のコリントの略奪は、このような強奪を引き起こし、ローマの神殿は戦利品であふれた。

こうして、屋外倉庫を造り、フォーラムや柱廊、劇場、共同浴場などの壁に絵画を掛ける必要が生じたのである。ローマのある広場は、仲買人たちの取引専用の広場と化した。スラやビェレスの率いる兵士たちが行なった例は、のちに、コンスタンティノープルにおける十字軍、アメリカ大陸におけるスペイン人、イタリアにおけるナポレオン、ギリシアにおけるエルギン伯爵、北京の夏の宮殿におけるヨーロッパ人ら、その他、最近の出来事の《英雄》らによって受け継がれた。

その起源がどのようなものであれ、コレクションは富の保存を前提とするものである。つまり、有産階級の特権となっている。エジプトのファラオたち、ヒンズーのラジャたち、ペルシアの王たち、中国、ローマ、ビザンツ帝国の皇帝たちが、のちに修道院や大聖堂が手に入れた財産とはくらべものにならないほどの財宝を蓄積していった。シャルルマーニュは、イタリアの古美術品をはじめ、フリウル公爵が手に入れたフン族の宝物の一部、アルフォンス二世・ル・シャストがリスボン征服の際にアラビア人から奪った戦利品、ハルン・アル・ラシッド大使からの贈答品などを含む見事な財宝を所蔵していた。しかし、その宝庫の運命を知るものはいない。

当初は、美術市場に充分な古美術品がなかったため、コレクションの趣味を持つ者は、つねに芸術家の庇護者でもあった。〔リディアの〕カンドール王と画家ビュラルクの関係、アレキサンドロスとアペル、ペルガムの王、アタルと画家アリスティッドの関係などがそのことを示している。

芸術の全盛期は、創造の時代であり、保護の時代ではなかった。中世では、精神の優位性が、純粋な快楽精神を遠ざけてしまっただけに、いっそうそのような状況だった。このことから、十字軍従軍者らが宗教共同体であったにもかかわらず、何ゆえコンスタンティノープルに八世紀も前から蓄積されてきた財宝を略奪し、ヴェネツィアのサン・マルコ教会、エクス＝ラ＝シャペル教会、ケルン教会、サンス、ランス教会などの宝庫にその戦利品を配分したのかを説明することができるだろう。

王侯貴族による真の意味でのコレクションが始まったのは、十四世紀のことである。バロワ家や、ブルゴーニュ公爵家が有名で、なかでもブルゴーニュ公爵家の散在している財宝は、ウィーン博物館やブリュッセル図書館の誇るものとなっている。ベリー公は、所有する一七の城にカメオ彫細工、写本、宝石などを所蔵していた。イタリアのウルバン公爵は、毎年三〇人の写本家を雇って、赤いビロードで装丁した八〇〇〇冊もの写本が揃う、キリスト教徒の最も重要な叢書を集大成し、これはこんにちでもヴァティカンに保存されている。

こうしたコレクションに対する情熱は、ルネサンス時代に古美術品が発見されたことで、いっそう盛んとなった。イタリアの土地を掘り返した結果、枢機卿でさえ純粋な快楽を覚えるような、キリスト教精神に関わりのない文明の証拠品の数々が再発見された。地元から持ち運ばれたこれらの発掘品は、古くからある珍奇品の陳列室や、新たに設置したギャラリーを満たした。これらのコレクションのなかで最も有名なものは、老コジモによって始められ、ピエロとロレンツォが引き継いだメディチ家のコレクションである。ロレンツォは、自分の古美術品の保存と修復をドナテッロに任せ、サン゠マルコ修道院の庭園に飾った。これはフランスでも模倣され、フランソワ一世がレオナルド・ダ・ヴィンチの作による古代様式の彫像一〇体をフォンテンヌブローに集めた。これはのちに、ルーヴル美術館の最も重要な財産となるものである。

これらのコレクションは私蔵品であった。コレクションの散財を防ぐために、ローマの国々は後年になって、財産を長男相続制の名の下に、パトリキ〔世襲貴族〕の手中にとどめ置く法律を制定した。コレクションが三世紀に渡ってほとんど無傷のままでいられたのは、この理由による。また同時に、目に触れることもできないオリジナル作品にかわるものを目指して、世界中に多数の複製が広まる理由にもなったのである。

Ⅱ 十六世紀から十八世紀まで

1 イタリア

トスカーナの大公、フランソワ一世は、ウフィッツィに一族のコレクションを集め、一五八一年に有名なトリビューン〔階上廊〕を造らせ、所蔵する古美術品やティツィアーノ、ラファエロらの作品を陳列した。彼はまたパラチナ〔近臣〕の居住邸宅、ピッティー宮殿を建設し、そこには、コジモ二世が個人的なコレクションを置いていた。メディチ家の人びとのなかでも最も有名な庇護者はレオポルド枢機卿で、画家が自分の描いた絵画を展示する有名な画家のギャラリーを始めた。一七八〇年に、レオポルド大公はメディチ家のコレクションをすべてウフィッツィに集め、このコレクションは、閉鎖された修道院から持ち出した略奪品でさらに充実したものとなり、やがてウフィッツィ美術館として、一八三三年に大公レオポルド二世の下で初めて一般に公開された。

その他の小公国の名門貴族も競って自尊心と祖国愛を誇示しあった。ジェノヴァのドリア家、フェラーラのエステ家、マントヴァのゴンザーグ家、ローマのファルネーゼ家、ボルゲーゼ家などがその例として挙げられる。彼らの宮殿は、中世の大きな《広間》に由来する、絵画の描かれたギャラリーを有していた。裕福なブルジョワたちは、アウグスブルクのフッガー家や、バーゼルのアメルバッハ家などのような世襲貴族を真似た。アメルバッハ家のキャビネットは、一六六一年に創設されたバーゼル美術館のホルバイン・コレクションの起源となったものである。ヴェネツィアでは、一五二三年、ドメニコ・グリマーニ枢機卿が考古学コレクションをフランス共和国に寄贈し、その甥ジャンがさらに充実させた結果、アンリ三世が全部を見て回るのに一日以上を要するほどのものになった。

真の博物館の町であるローマは教皇のコレクションを誇っている。シクストゥス六世の前のパウルス二世は、カンピドーリオ広場にある大理石造りのコンセルヴァトーリ宮殿にラテラーノ礼拝堂に置かれていた銅像を集めて、「アンティカリウム」〔古代美術館〕を創設し、一般に公開した。これらの美術品はすべて、ベネディクトゥス十四世が再編成し、一七四九年、装いを新たにしたカピトリーニ美術館に収蔵されることになる。十六世紀初頭には、ユリウス二世が自分のコレクションをヴァティカンとベルヴェデール庭園に置き、ラファエロをギャラリーの保存官《コンサベーター》に任じた。そののち、一七六〇年以降、クレメンス十三世、クレメンス十四世、ピウス五世によって、このコレクションはローマ教皇の邸宅内にある美術館に集められ、ピウス＝クレメンス美術館の名で一七八二年に新設された。一八二二年に、この美術館はピウス七世によって拡大再建された。

これら発掘によって発見された彫像を展示するための古代美術館の展示室は、ポンペイ様式の赤い装飾や壁龕《ニッチ》、格天井が復元された、ローマの公衆浴場や皇帝宮殿の回廊を想起させるものだった。このような新古典主義様式の装飾は、八十年の歳月をかけて定着した。その代表的な例はウフィッィ美術館のニオベの間である。

十七世紀から十八世紀にかけて、古典主義時代の二世紀の間に、ヨーロッパの私蔵コレクションが美術館として充実していった。これは、それぞれの美術館が、いかに特徴的な様相を呈しているかを唯一示しているあまり知られていない歴史であり、それらを理解するためには、各々の美術館の起源を簡単に調べる必要がある。

2　オーストリア

オーストリアでは、ハプスブルク家がニュルンベルクやエクス=ラ=シャペルで、「レガリア」(regalia)、すなわち神聖ローマ帝国の財宝を手に入れていた。マクシミリアン皇帝は金羊毛騎士団の財宝を、妻マリー・ド・ブルゴーニュの持参金として受け取った。チロルのフェルディナントは、二〇〇〇丁の武器、四〇〇〇冊の叢書、一〇〇〇点の絵画、メダル類、陶器類、ブロンズ像、版画、義兄弟であるシャルル九世から贈られた有名なベンヴェヌート・チェッリーニ作の塩入れなどを含む珍しい骨董品などをインスブルック近郊のアンビラース城に集めていた。フェルディナントはまた、ヨーロッパ芸術の最も美しいカテゴリーであるタピスリー九〇〇点も所蔵していた。これらのコレクションは、カール五世の婿である皇帝ルドルフ二世がプラハで蒐集したコレクションと同様に、ウィーンに移された。しかしウィーン美術館の真の創設者は、フェルディナント二世の息子でネーデルランド総督のレオポルド・ウィルヘルム大公であった。マドリッドで、エスコリアル宮の洗練されたティツィアーノ作品に囲まれて育った彼は、ブリュッセルで、《珍奇品》をすべて排除した真の愛好家コレクションを集めた。彼の芸術アドバイザーは、自分のギャラリーの学芸員であり、その作品の複製や彫版画からその名が知られるダビッド・テニエ・ル・ジョヌであった。一六五七年、大公はウィーンに身を引いた際に、自分のコレクションを持参し、甥の皇帝レオポルド一世に寄贈した。ベルヴェデーレ宮殿に住んでいたマリア・テレジアによっていっそう充実したこのコレクションは、目録が作成され、一七八三年、熱心な中央集権主義者であったヨーゼフ二世の命によって一般公開された。

3 スペイン

スペインでは、ウィーンの美術館を訪れたことのある者がマドリッドの美術館を訪れると、直ぐ、そのうちに秘めた類似性に気がつくほど、ハプスブルク家の面影が認められる。カール五世によって始められたコレクションは、エスコリアル宮殿でフェリペ二世に継承され、また、ブエン・レティロ宮殿ではフェリペ四世に引き継がれた。フェリペ四世は、ベラスケスを後援し、カルロス一世のコレクションの一部を買い取るなどすぐれた趣味の持ち主だった。マドリッド美術館の所蔵品を見ると、古い時代のキャビネットに見られる《特異性》をブリューゲルやボスの幻想的な世界と結びつける微妙な関連性があることや、また、ゴヤがバロックの世界の訪れを告げつつも、ゴシック時代の余韻を残していることが、いっそうよく理解できるだろう。フェリペ五世によって数多くのイタリアやフランスのカンヴァス画が増し加えられ、一七八五年に新古典主義様式で建築されたプラド美術館は、カルロス四世の下で、とりわけ他の宮殿の絵画やトリニテ修道院の財宝をも新に収蔵したフェルナンデス七世の下で、繁栄を続けていった。

4 ドイツ

バイエルンでは、王家ヴィッテルスバッハ家のアルベルト三世が、イタリア旅行から帰国したあと、最初の王侯コレクションを形成した。彼は自分が所蔵する古美術品を収蔵するために、アーケードにヴォールトを架け、付柱《ピストラル》や壁龕《ニッチ》で装飾された長い回廊《ギャラリー》をしつらえさせた。そこでは、彫像の数々が博物館建築史上、最古の装飾と調和していた。このコレクションは、マクシミリアン一世、またとくに、コレクションのためにミュンヘン近郊にシュレスハイム城を建てたマックス・エマヌエルによって膨大な数に増えた。

ザクセンでは、一五六〇年、アウグスト一世がドレスデンに設立した選帝侯の回廊に、例のごとく、珍しい機械類や天体時計などが絵画や彫像に混ざって収められていた。ザクセンの偉大な芸術庇護者は、一六九七年にポーランド王になったアウグスト二世だった。彼はアカデミー、すなわち美術学校を設立し、みずからの領土内の財産目録を作成した。四七〇〇点の絵画が目録に記載され、そのなかの一九〇〇点は、ドレスデン宮殿の厩舎の三階に設置された王室ギャラリーに移された。アウグスト三世によって、モデーヌ公爵邸で九万六〇〇〇フローリンで購入した数百点のカンヴァス画や、ヴァルトシュタイン公爵邸で手に入れたその他の作品が、コレクションに加えられた。一七六五年に作成された目録には、「このギャラリーの目的は《趣味と国家精神を形成するため》である」と、当時の様式に従って宣言されている。

5 イギリス

イギリスにおいて同じ家系でコレクションが所蔵されているのは、信託遺贈の役割をする長子相続権に依っている。イギリス人の愛好家は、美術品を頻繁に購入し、ほとんど売りに出さなかった。とくに、ヨーロッパ大陸で経済危機の時代、一九一四年以前にイギリスに持ち込まれたすべての美術品は、実質的に、二度と持ち出されることはなかった。こんにちでもまだイギリスは、知られていない個人所蔵のコレクションや公開されていない財宝を最も多く残している国である。たとえば、一九一七年にウェールズ王国では、放置された軒桁《のきげた》のなかから十八世紀にトーマス・ホップという忘れっぽく用心深い蒐集家が隠したのち、長らく忘れ去られていたギリシアの古めかしい財宝が発見された。

しかし、ある日、イギリスではピューリタンの憎悪から不幸な出来事が起こった。それはクロムウェルがチャールズ一世の処刑後に、そのコレクションを売り払う命令を下したときのことだった。チャールズ王は最も偉大な蒐集家の一人として知られており、ヨーロッパ大陸のあらゆる愛好家が、その財宝を競って手に入れようとしたのだった。

この出来事以前に、ルーベンスと関わりの深い外交官、アルンデルの伯爵、トマス・ハワードは仲買人をヨーロッパやアジアに送っていた。ストランドにある彼の宮殿で、もともと自分のものである所蔵品を体系的に分類し、一六七八年まで、二つのギャラリーで一般に公開していた。教育的目的を持った近代の美術館がはじめて誕生したのはオックスフォードにおいてであった。ジョン・トラディスカント親子のコレクションには、珍しい品々が多く含まれ、その植物園は一般人も入場を許された真の野外博物館となっていた。そこでは民族史上の資料や絵画作品、そして機械類も見ることができた。一六五九年、息子はそのコレクションを、オックスフォード大学に移管する条件の下で、エイリアス・アシュモールに寄贈した。一六七七年、アシュモールは、オックスフォード大学にみずからの所蔵物も加えたコレクションを収蔵するための建物を造らせて、その義務を果たした。一六八三年、のちのジェームズ二世によって博物館が開館したあと、同大学は新たに研究所と図書館を併設した。

しかし、市民はもっと学問的精神の顕著でない博物館の建設を望んでいた。そこで、一七五九年、「大英博物館」が開館された。この博物館には、図書室と、一七五三年にハンス・スローン卿によって政府に寄贈された博物学の展示室とがあった。この複合センターに、オックスフォード伯爵の図書室、ハーリー・コレクション、ロバート・コットン卿のコレクションが集められ、一七〇〇年以来、国の所有となっている。すべてをモンタギュー家が管理し、一般に公開されている。

「ナショナル・ギャラリー」より古いハンプトンコート・ギャラリーは、王侯の私蔵コレクションが国有になった例である。チャールズ一世が住み、彼の手によって美術品が置かれ、後年になって売られたこの建物は、ウィリアム三世が再び居住邸宅として選び、一世紀以上に渡って所蔵品が増加していった。とくに一八一六年に、エルギン伯爵によって運ばれたパルテノン神殿の数々の大理石彫像は注目に値する。一八二二年に新古典主義様式の建物として再建され、こんにち、イギリスの最も重要な美術館となっている。

6 フランス

フランスでは、フランソワ一世ののち、新たに、文芸を保護した王を見出すには、ルイ十四世の時代まで飛ばなければならない。彼は、二二万冊の書物、六七六点の絵画、三〇〇点の彫刻、四一一点のタピスリー、四〇〇点の写本を含むマザラン枢機卿の数々のコレクションを、さらに一六七一年には、パリの豪華な邸宅に住む入植銀行家、ジャバックのコレクションのなかにある二八万冊の書物をコルベールに購入させた。ルイ十四世は、チャールズ一世のコレクションが競売に出されたときに、みずからマントゥー公爵が所蔵していた美術品を手に入れた。この時、購入したもののなかには、五〇〇〇点以上のデッサンが含まれており、徐々に増加されながら、世界中で最も豊富な作品を所蔵するルーヴル美術館のデッサン展示室の基礎となった。

コルベールの考えは、王室コレクションは芸術家や学生に利用されるべきだというものだった。この趣旨の下でコルベールは、ルーヴル美術館にアポロン・ギャラリーと、隣接する七つの展示室を作らせ、これは一六八一年から一般に公開された。この最初の試みは長く続かなかった。というのは、ヴェルサイユにしか関心を寄せなかったルイ十四世は、ここにルーヴルの絵画を移転させ、ルーヴル美術館の空《から》になった広間は絵画アカデミーに帰属するものとなり、その展示場として使われるようになったからである。コルベールは、画家ル・ブランを保存管理係に任じて、相変わらず「王の執務室」に美術品を増やしつづけたため、君主の死後、所蔵絵画は二〇〇〇点を数えるまでになっていた。コルベールはまた一六六七年に、ラ・ブリュイエールが〔その著書で描いた人物〕「ダモセド」のモデルとなったミシェル・ド・マロル司祭が所蔵していた有名な版画集を購入した。このコレクションは、六〇〇〇人の芸術家が描かれた二三万五〇〇〇点に及ぶもので、うち五二〇点は赤いモロッコ革で装丁され、こんにちの版画展示室の基礎となったものである。ルイ十四世の後継者は美術品の購入に余り熱心でなかったため、十八世紀には、私蔵コレクションが王室コレクションを凌《しの》ぐようになった。市民は同時代の芸術に興味を抱くようになる。一六六三年、アカデミーの決断で現代美術展の開催が決定され、一七六七年にその第一回が開催された。一七三七年にはビエンナーレ展に発展し、生まれたばかりの批評家に導かれて、その美術の趣味を方向づける役割を担った。

　愛好家も数多くいた。スウェーデン大使のテッシーン伯爵、サボワ公のアメデの愛人であった美しいヴェリュール伯爵夫人、多様な美術品二〇〇〇点を所蔵するコンティ王子、有名なパレ・ロワイヤル美術館のオーナーであるオルレアン公爵などが挙げられる。また、裕福なブルジョワのなかにも、ラリヴィ・ド・ジュリーや、元染物業者で、三一九点の絵画、一〇〇〇点の版画、三〇〇点の家具やその他の種々の道具類など多くの美術品を所有するジャン・ド・ジュリエンヌなどもいた。とくにヴァトーの友人のアントワーヌ・クロザは、リシュリュー通りの邸宅に四〇〇点の絵画と二万点のデッサンを所蔵していた。クロザは、財政難の折にルイ十五世に一〇万ポンドで所蔵画を譲りたいと申し出た。しかし、枢機卿フロリーは、「ガラクタ類なら、王はすでに充分お持ちです」と言ってそれを拒んだ。ラモワニョンもまた、父と祖父が版画商人であったJ・P・マリエットからのコレクションの提供を、ルイ十六世の名によって拒まねばならなかった。そのため、マリエット家の財産は競売によってすべて散財してしまった。

ルイ十五世は芸術に無関心であったため、王室コレクションは放出されることになった。一七五〇年、王の執務室の最も美しい絵画一一〇点と、メディチ・ギャラリーに所蔵されていたルーベンスのカンヴァス二八点がヴェルサイユ宮殿からルクサンブル宮殿に戻され、そこでは市民も鑑賞することが許された。ヨーロッパでは、フリードリヒ二世が同様に、一七五五年、ポツダムで一般市民に美術品の公開をし、一七七八年にはパラチナ選帝侯がデュッセルドルフの邸宅で美術品を公開した。

百科全書の精神に満ちた公開主義者たちは、この世紀末の教育的推進傾向の影響を受けて、コレクションを市民や芸術家の教育に利用する必要性を主張していた。ルイ十六世の下で建造物局長を勤めたアンジヴィリエ伯爵は、ルーヴルのグラン・ギャラリーを王室美術博物館とする計画を構想した。アンジヴィリエは美術品を補足購入し、一連の形を整えた。また各作品の額縁を統一した。しかし一七七七年には工事が開始されたものの、資金が不足し、たちまち頓挫した。(1)

(1) グザヴィエ・バラル・イ・アルテ『中世の芸術』(西田雅嗣訳、文庫クセジュ八三六番、白水社、二〇〇一年)、同『美術史入門』(吉岡健二郎/上村博訳、文庫クセジュ八二二番、白水社、一九九九年)第三章には、フランスの博物館について概説されているので参照されたい。

この間、十八世紀のイタリアでは、ただ単に博物館はいままでに述べてきたようなコレクションによって形成されていたわけではない。その内容は発掘品によってさらに充実したものとなっていた。一七一三年以降、ナポリ近郊のポルティチで発掘が行なわれ、多くの神秘的なものが発見された。また一七五〇年以降、より大掛かりな発掘の結果、古代都市ヘルクラネウムやポンペイが姿を現わした。両シチリア王国の王が禁止令を発布したにもかかわらず、観光客が押し寄せ、古美術研究者たちがボランティアとして、あるいは有料で案内して回った。これらのガイド役は、しばしばとても博学で、こうして研究を続ける資金を得ていたのである。ドイツ人のビンケルマン司祭もそんな一人で、後になって、一七六四年に、初めての『古代美術史』を書き、これは一七八一年にフランス語に翻訳された。

III　十九世紀

博物館の役割は、資料保管室から歴史研究の推進者へと変遷していった。コレクションが発掘と考古学に緊密な関わりを持っていることは周知の事実である。これからは、博物館は文字に記された文献と同様に、歴史なき民族の歴史を知るために利用されるべきだろう。シャンポリオンがエジプトのヒエログリフ文字を解読するきっかけとなった、三種類の文字で碑文が刻まれていた有名なロゼッタ・ストーンが発見されたのは一七九九年のことである。それ以来、碑銘学が盛んになった。一八二三年には、ルーヴル美術館のエジプト館が開館し、永遠に無言であると信じられてきた時代の暗闇から、文明が姿を見せはじめたのである。

1　博物館の制度化

その大きな結果として、博物館から生まれた学問が専門化し、そのことが博物館そのものの専門化を導くこととなった。こうして珍奇品の大袈裟で無秩序な陳列が終わりを告げた。この種の最後のコレクションは、ラ・モッソンのボニエ氏のコレクションである。彼は、研究室、薬剤室、麻薬室、博物学室、機械室、絵画室、図書室の七室に分類して展示しており、そこには分類の萌芽が見受けられる。

王政下で構想された計画を実現したのは立法議会と国民公会という革命派議会であった。彼らの手により、一七九二年に、中央美術館、科学分野専門の自然史博物館、歴史専門のフランス記念物博物館、科学技術専門の工芸院付属技術博物館が設立された。サロン・カレとグラン・ギャラリーの一部に五〇〇点の絵画を展示したルーヴル美術館が公開されたのは、一七九三年八月十日、恐怖政治のただなかのことだった。しかし、ルーヴルが充実したものになる一方で、反君主勢力の憎悪の感情ゆえに、ヴェルサイユ宮殿からきわめて貴重な至宝の数々が持ち去られ、一年間に、イギリス人が大半を占める購入者の利益となるままに、次々と売りさばかれた。もしこんにち、それらのヴェルサイユ宮殿の動産を取り戻すとしたら、当時売られた値の四〇〇〇倍の金額が必要だろう。

亡命貴族の邸宅から押収した美術品や、修道院、教会から没収した美術品を収蔵するための倉庫は、テルミドールの反動〔国民公会の反ロベスピエール派によるクーデタ〕ののちに閉鎖された。一七九七年、総裁政府は、家具調度品のなくなったヴェルサイユ宮殿のなかにフランス派美術館を作り、そこに十八世紀の絵画をすべて移管した。このことは、フランス派美術の奇妙な分割を意味するもので、このような事態は終わりを告げて欲しいものである。横領され、独断的な復元手術が施されたコレクションは、エコール・ノルマル〔師範学校〕に回収保護されるまで、各地に散逸していた。一八〇〇年九月一日に施行されたデクレ〔政令〕によって、二八の行政区博物館が設立され、この状況は改善された。これらの博物館の管理責任は行政区に委ねられ、コンセルバトゥールが任命された。帝政の下で、一八一五年、二八の博物館・美術館は三〇に増やされた。これは、現在、三一の指定博物館となったが、[1] フランスのすべての博物館を統括し保護する、地方博物館のより合理的な体制が待たれている。

（1） 一九九五年のフランス文化省編『文化統計』によれば、フランスの博物館・美術館は、文化省博物館局所管の国立博物館（三三館）、その他の部局所管（八館）、教育省（四館）、国防省（二十五館）、その他の省庁（七館）となっている。一方、地方自治体の施設には、文化省の監督下にある「指定博物館（ミュゼ・クラッセ）」三三館、と「準指定博物館（ミュゼ・コントロレ）」（統制博物館とも登録博物館とも訳される）が一〇〇〇館ある。教育省の監督下には一〇〇館、その他の省庁の監督下には六八館ある。しかし、この分類も二〇〇二年一月四日付の法律第二〇〇二―五号の博物館法の改定によって、ある一定の基準を満たせば「フランスの博物館（ミュゼ・ド・フランス）」と呼称することができるようになり、「指定」「準指定」という博物館の分類はなくなった。

2 ヨーロッパ諸国

一八一四年の時点では、フランスの外にも、一八〇七年に開館したブリュッセルの美術館、ジュネーヴやアントワープの美術館、一八〇八年にルイ・ボナパルトにより創設され、ファン・デル・ホップのコレクションによって充実し、オランダで最も重要な博物館となったアムステルダムの「王立博物館」などがあった。

一八三八年には、ロンドンに、最初の財団アンガースタイン・コレクションをもとにして「ナショナル・ギャラリー」が創設された。一八二六年から一八三六年にかけて、ヨーゼフ・マクシミリアンは、歴代バイエルン選帝侯の古いコレクションが収められているミュンヘンのアルテ・ピナコテークに、デュッセルドルフやマンハイム、ツヴァイブリュッケンのギャラリーのコレクションを集め、さらに、ボワスレ兄弟のコレクションを加えた。一八二八年、フリードリッヒ・ヴィルヘルム三世がフリードリッヒ大王によって着手されたベルリン美術館の開館を成し遂げた。

フランスの初期の博物館は、イタリア同様に、当時の新古典主義様式に倣った装飾が施され、そこに置かれた彫像がその様式を決定的なものにしていた。ペルシエとフォンテーヌが、ルーヴル美術館のカリアティド広間の室内装飾にあたり（一八〇六年）、トンネル・ヴォールトを備え、赤が支配する極彩色のポンペイ風装飾を施したのも、こうした状況においてであった。彫像は建築のデザインと一体化していた。同じくこの二人の建築家は、グラン・ギャラリーを一対の柱上にかけたアーチで九つの柱間に分割した。この形式は、のちに、ヴェルサイユ宮殿や地方の博物館の手本とされた。

この新古典主義様式は、ナポレオン三世の時代まで建築界を支配することになるが、広間や宮殿の室内装飾でのみ行なわれたものであり、ドイツでのように博物館として特別に建築された建物には用いられなかった。ドイツではクレンツェが、トルヴァルセンによって復元されたアイギナ島の大理石彫刻を収蔵するために、ミュンヘンにグリュプトテーク〔彫刻陳列館〕を建設した。旧ベルリン美術館の大ロトンダ（一八二四〜一八三八年）は、パンテオンから着想を得たもので、ロンドンの新しい「大英博物館」（一八二三年）はプロピュライア〔古代ギリシアの聖域や宮殿などの入口に建てられた楼門〕を手本としたものである。

こうした傾向は、間もなく、ロマン主義様式にとって代わられた。フランス記念物博物館がその誕生の端緒となった。この美術館の展示形式は古《いにしえ》の雰囲気を彷彿とさせるもので、アレクサンドル・デュ・ソメラールがクリュニー修道院の司祭邸に収蔵し、一八四三年に国が買い上げた中世・ルネサンスのコレクションが展示されているクリュニー美術館と同じ様式である。一八三四年に、アルシス・ド・コーモンによってフランスの考古学会が設立された。また一八三七年には、ギゾーが過去の歴史建造物を保護する目的で歴史的建造物委員会を設立した。

当時、博物館の様式は政治的目的に利用された。ルイ・フィリップは私財を投じてヴェルサイユ宮殿をフランス歴史博物館に衣替えし、ファラモンから、ルイ・フィリップの息子オルレアン公にいたるまでの歴史資料を展示しようと考え、これは一八三七年に完成した。

博物館の建設熱は、デンマーク、スウェーデン、ロシアなど北ヨーロッパ一帯にまで広がった。一八五三年にライエルは、ブシェ・ド・ペルトが二〇年前に発見した先史時代の最初の斧が本物であることを証明した。北欧の国々では、原史時代が十世紀まで、さらには十二世紀までも続いたため、スカンジナビア半島の博物館、中でもコペンハーゲンの博物館は、先史時代の古代美術が充実している。ジュリアス・シーザーの研究に詳しく、アレジアの発掘を命令したナポレオン三世は、一八六二年に、サン＝ジェルマン＝アン＝レー城に国立古代博物館を設立し、発掘された資料とともにブシェ・ド・ペルトのコレクションと、デンマーク王から寄贈された非常に貴重な資料を合わせて展示した。

一八七九年、中世美術を広めたヴィオレ・ル・デュックは、パリ万国博覧会の終了後、歴史的建造物委員会にトロカデロ宮殿になぞらえた彫刻美術館の設立を認めさせた。こうして彼は、元のフランス記念物博物館を蘇らせたのだった。近年、この博物館はトロカデロ博物館の名で呼ばれるようになった。一八五〇年以降は、ニュルンベルクにゲルマン美術館（一八五三年）が、また、ミュンヘンにバイエルン美術館（一八五四年）、コペンハーゲン近郊のロゼンボルにデンマーク美術館（一八五九年）など多くの国立美術館が開館された。

十九世紀にヨーロッパで開館された最も重要な博物館は、一八五二年、ニコライ一世の命でサンクト・ペテルスブルクに設立されたエルミタージュ美術館である。ニコライ二世は、冬宮のギャラリーのあるエカテリーナ二世の住まいを美術館に改装した。エカテリーナは、ヨーロッパで売りに出されたあらゆる美術品を次々に購入した。なかでも、一七七二年にはクロザのコレクションを四〇万ポンドで購入し、またアウグスト三世の臣下、ブリュール伯のコレクション、そして一七七九年にはウォルポール卿のコレクションと合計三つのコレクションを購入した。同時に彼女は、その他の競売品、ショワゾル公のコレクション、ボードゥアン伯のコレクションなどを買いあさり、ウードンの『ディアナ』を手に入れるためフリードリッヒと競い合った。アレクサンドル一世は、これらのコレクションに、元来はナポレオンがヘッセン州カッセル辺境伯領から略奪してきたものであったジョセフィーヌ王妃の絵画コレクションや、コエヴェルトが所蔵するコレクションのなかからスペインのカンヴァスなどを付け加えた。一八三九年にはホルタンス王妃の遺産が加わり、またマニュエル・ゴドイの遺産が加わって、やがてエルミタージュ美術館は一般に公開されるようになった。

こんにちでは、この美術館の所蔵品は、革命による個人コレクションの没収のおかげで桁外れに増大し、とくに、つい先ごろ実施されたシベリアの発掘で発見されたスキタイ美術品によっていっそう充実されたものとなった。スキタイ美術[1]は、ヨーロッパでは余り知られていないが、世界で最も豊かな文明の一つである。

(1) スキタイ人は前六世紀から前三世紀にかけて強大な遊牧国家を建設したイラン系とされる民族。

3　博物館の変化と自然への回帰

十九世紀に設立されたこれらの博物館はすべて、建築に関しては、新古典主義の美的デザインが取り入れられ、室内の展示方法はロマン主義のコンセプトによっている。カンヴァスは、シメーズからコーニスまで[1]ぎっしりと重ねて並べられ、時代も、流派も一緒くたになっている。同じような展示方法が、ダヴィリエ男爵邸あるいはピション男爵邸の中世美術品やルネサンス美術品の私設コレクションにも見られる。

（1）シメーズとは、展示室壁面のうち、絵画作品を展示するのに最も見やすい胸の高さ辺りのスペースを指す。コーニスは、壁体の各層を区切る装飾的な水平帯のこと。

その他の蒐集家、たとえばマルチル兄弟、F・H・ヴァルフェルダン、ラカゼ博士たちのコレクションも展示方法が変更されることなく、十八世紀の様式が当時の流行となっていた。ハートフォード侯爵もまた、バガテルで十八世紀フランスの素晴らしいコレクションを収蔵していた。これはのちに、イギリスに運ばれてウォーレス美術館となった。ロスチャイルド男爵、ディミドフ王子、カミーユ・グルー、ジャック・ドゥーセらが十八世紀の重要なコレクションを収集した最後の愛好家である。

美術館の花形となった絵画作品を置く空間としての役割を果たすため、室内装飾は変化していった。一八四六年に新装されたドレスデン絵画館の室内装飾は、ルネサンス様式から着想を得たものである。一八四八年、新しくなったルーヴル美術館のサロン・カレとセット・シュミネ〔七つの暖炉〕の広間には金箔を塗ったスタッコ[1]や芸術家たちの半身像が飾られ、教育的な文字が付加された。この当時人気のあった、成金風のナポレオン三世様式は、グルフュエルの室内装飾によるグラン・ギャラリーからルドンの室内装飾によるルーベンスの広間にまでおよび、この様式は一九一〇年まで続いた。第一次大戦前にも、地方や海外で、ウィーン歴史美術館、ベルリンのフリードリッヒ皇帝博物館などがこの様式で設立された（一八九七〜一九〇三年）。

（1）化粧漆喰。壁などに大理石風の仕上げをするための装飾材料。

しかし、ヴィオレ・ル・デュックは、一八五一年のロンドン万国博覧会で推進された工業美術の波でいっそう強まった、建築における機能主義と合理主義の傾向を推し進めた。一八五七年に開館したヴィクトリア・アンド・アルバート美術館は、その傾向を受け継ぐものであった。その例として、一八六三年にパリでは装飾芸術中央連合が、ブリュッセル（一八八四年）ではサンカントネール美術館が設立された。

まず変化を見せはじめたのは、相変わらず室内装飾においてであった。建築は後回しだった。美術史の知識がきわめて正確になり、ウィリアム・モリスのようなイギリス人芸術家や日本美術の影響を受けた装飾が復活したことが、様式化した自然への回帰による装飾の理解を容易にした。

この自然への回帰は、一八七〇年以降、北欧諸国でハゼリウス博士が推進した民族誌学博物館、民俗博物館、野外博物館の建設と時を同じくしている。一八七三年、ストックホルムの素晴らしい景勝地に北欧博物館が開館し、一八九一年にはスカンセン公園が開園した。さらに湖や、動物、植物、城館、村落がスウェーデンのイメージそのものを再現している植物園や動物園が開かれた。ノルウェーでは、オスロ美術館が開館した。デンマークには、すべての島に野外博物館があり、オランダ、バルト諸国、フィンランドもそれに続いている。北欧諸国には四百以上の野外博物館があり、実際に自然を保存している。このような博物館の創設が容易なのは、これらの国々で、分解可能な木造家屋が利用されているためである。

しかし、野外博物館を持たないフランスにも郷土博物館は存在している。一八九九年にミストラルがアルルに建設したアルラタン博物館、バイヨンヌのバスク博物館（一九二二年）があり、また、パリにある国立民俗博物館は、当時の最も近代的で、最も完成されたコレクションにふさわしい空間となっている。

一九二〇年以降、鉄筋コンクリートの発達によって、それまで実現不可能な願望に過ぎなかった建築の合理化が確立された。博物館学の原点に帰る必要がでてきたのも、この時期のことである。

4 博物館学の置かれた位置

博物館は、その機能と公共性の要求に確実に答えなければならない。ル・コルビュジェは、「博物館は芸術作品の保存施設であると同時に、展示空間であるべし」と書いている。この異なる要求がぴったりと重なれば、解決は容易であるだろうが、実際はそうでない。この時代以降、アメリカの影響を受けて、博物館の「教育的役割」という新たな概念が生まれているだけになおさらである。博物館は、教育的課題にも美学的課題にも疎い新しい社会階級に、広く開かれなければならない。

とはいうものの、一般の人たちは保守主義である。そして、明らかに矛盾する現象である。アメリカ合衆国では、新古典主義建築がほとんど公式的な様式となっており、この様式は今後も長く存続するであろう。一九〇八年に、イオニア建築の「トレド美術館」が建てられ、一九二八年には、ペンシルヴァニア大学付属美術館がポンペイ様式の大ホールの上に開館した。一九四〇年に設立されたワシントンの「ナショナル・ギャラリー」でさえも穏健な古典様式を貫いている。

しかし同時に、「博物館は寺院や宮殿から実験所に変わってきている」とジェルマン・バザンは述べている。建築理論家は皆、どんなものであれ、装飾に異議を唱えている。この抗議する純粋主義の波は、オランダに始まり、全世界に広がった。こうして、ケルンのライン川ほとりの施設やロッテルダムにボイマンス美術館が建設された。ボイマンス美術館は、その工事中、新しい博物館学にとって真の試練の工事現場となった。また、ブルージュ美術館、ニューヨークの近代美術館が建設された。しかしながら、このヌーディズム、このクリニック・スタイル(1)、豪華な財宝を収めるためのこの貧弱な幾何学的な建築は、たちまち度を越すものとなった。エドモン・ド・ゴンクールは、生前に、《霊安室のそばにある歯科医の診察室にふさわしい》病院スタイルに、すでに抗議を表明していた。この当世風の傾向に、もう少し上品な外観を与えるため、アルカイックな様式(2)が復活した。ローマ帝国の重厚さを保つ構えのバーゼル美術館は、ヴェネツィアから着想を得たものであろう。アメリカの美術館も次第にクラシック・スタイルへの大掛かりな復帰が行なわれるようになり、エール大学美術館（コネチカット州）のように、歴史的な雰囲気を醸し出すことに大いに効を奏した例もある。

(1) 壁面装飾をなくすことの隠喩としてヌーディズム（裸体主義）、あるいは壁面の統一的色彩を診療所の白に見たててクリニックスタイルと用いている。
(2) アルカイック：様式が確立される古典期以前の芸術。

現代芸術は、その禁欲的なヌーディズムの傾向と金属やガラスでできた建築趣向のため、一時的に博物館に対して、現代芸術の作品にしか合わないデザイン・コンセプトを押しつける格好になった。東京でル・コルビュジェの設計による美術館〔国立西洋美術館〕が、またニューヨークでフランク・ロイド・ライトの設計による美術館〔グッゲンハイム美術館〕が成功を収めなかったのはそのためである。「ニューヨーク近代美術館」、デンマークのルイジアナ美術館、ペンシルヴァニアにあるフィリップ・ジョンソンの設計によるウティカ美術館、ヒューストン（テキサス州）にある「ミース・ファン・デル・ローエ」の設計の美術館などが、そのより顕著な例として挙げられる。パリでは、国立民俗博物館(1)が近代博物館学の最もよい結果を招いた解決策を結集している。

純粋に伝統的な建築様式の博物館に、功名心からではなく、現代技術と現代的設計を最大限有効に適用した、評価できる例が二つある。第一に挙げられるのは、照明や案内表示、暖房、清掃、古代の建造物の全般的な空調に、最も近代的な電動装置を採用しているナポリのカーポ・ディ・モンテ美術館である。もう一つは、最近設立されたリスボンのグルベンキアン美術館（一九六九年）である。この美術館は何の変哲もない六階建ての建物であるが、多目的文化センターとして考案され、いわゆる博物館と、特別展示ギャラリー、四〇万冊の蔵書を擁する図書室、一三〇〇席のホールがあり、また、七ヘクタールの庭園の中央には一三〇〇席の円形劇場が設置され、このセンターの学びの場、造形芸術だけでなく、演劇、映画、音楽など芸術創造の場となっている。

こんにちの博物館学が置かれている位置は、このような多様で相矛盾する解決策に向き合っているのである。

(1) パリの国立民俗博物館は二十一世紀初頭にマルセイユに移転する再生計画がある。

第三章　博物館の建築

I　建築様式と室内空間

　建物としての博物館は、私的な住まいの二つの部屋、ギャラリーとキャビネット〔小居室〕から生まれたものである。イタリア・ルネサンス時代のギャラリーは、フランスの城館の大広間に由来しているが、これは応接間である。そこに置かれた美術品は装飾的役割を担っているに過ぎなかった。その例は数多くある。ブラマンテの設計によるヴァティカン宮殿とベルヴェデーレを結ぶギャラリー、フォンテンヌブロー城の五つのギャラリー、あるいは、マクシミリアン一世がみずから所蔵する古代美術品のアンティカリウム〔古代美術館〕としてミュンヘンに建てさせたギャラリーなどがそれである。

　十七世紀には、ヨーロッパで一派を成した例として、カルラッチが室内装飾を手がけたファルネーゼ宮殿がある。この様式はルーヴル宮殿のアポロンのギャラリー、ヴェルサイユ宮殿の「鏡の間」に模倣された。

キャビネットは、たとえそれが大領主の邸宅のものであっても、もう少し控え目で、知的、ブルジョワ的な起源を持っている。なぜなら、当時の領主たちは、博識を誇りにしていたからである。十六世紀に入って間もなく建てられたピブラック城にその例を見ることができる。とくに評価が高いのは、ビュッシー・ラビュタン邸にある肖像画のキャビネットや、三六三点のはめ込み式の額縁が木製内壁一杯に架けられているボー・ルギャール城のキャビネットである。ギャラリーがとりわけ南方諸国で見られる部屋であるのに対し、キャビネットは北欧のものである。キャビネットにある絵画は一般に、さまざまな種類の絵画が一点一点、不統一な状態でぎっしりと架けられている。十九世紀なかばまで、それが通例であった。

十九世紀および二十世紀に成されるべき仕事は、流行と科学の発達に伴って変化する基準に従って、選択し、分類することであろう。

一七九三年の中央美術館の展示方法は、まだアンシャン・レジーム〔旧政体〕時代の展示方法であり、あらゆる絵画、美術品、彫像が雑多に混ざっていた。ジャーナリズムがこれに抗議し、年代順の分類を要求したため、一七九九年には年代順に分類されたが、様式の不揃いはそのままだった。一八一〇年に、新たな分類が行なわれ、様式別の原則に従って、一点一点、独立して展示された絵画は、彫像やその他のオブジェとは離して展示された。これは専門家にとってとても重要なことであった。その分類方式は現在もルーヴル美術館で行なわれている。びっしりと横並びに架ける方法は、一九二〇年まで続いていた。

しかし、早い時期から分類されていた二つの例をあげる必要がある。フィレンツェにあるウフィツィ美術館の有名なトリビューン〔階上廊〕は、ゾファニーが空想的な絵画作品のなかで明かしているように、ラファエル、ルーベンス、ティツィアーノ〔イタリアの画家、一四九〇頃〜一五七六年〕の代表作で脇を固めた最も有名なローマ・ギリシア時代の作品が展示されている。一八五一年には、ルーヴル美術館のサロン・カレにイタリア・ルネサンスの最も偉大な画家の作品が二列に展示された。

無秩序にこだわるロマン主義は、美術愛好家のキャビネットという視点を変えなかった。ソメラールのコレクション展示室にある彫版画に見られるように、あるいはシャンティイ城にある広間の、遺言によって触れることが禁じられたために、オーマル公は何の教育的配慮もなく、あくまでも趣味で絵画を架けていた。現在でもそのまま架けられている絵画からも見てわかるが、キャビネットはいとも簡単に芸術家のアトリエになった。この分類の欠如は、多くの石彫美術館あるいは地方美術館で、十九世紀の名残りとしてこんにちでも見受けられる。

しかし、博物館は一般に公開されるようになってから間もなく百年以上の歳月が経つ。趣味が、またとくに知識が変化するにつれて、別の展示方法が要求されるようになった。時間に追われた鑑賞者は、たまたま隣り合って展示されている山のような作品のなかから、鑑賞したい作品を選択する時間はもはや持ち合わせなくなった。観光客は、美術作品が当初の雰囲気のなかで飾られている城館や旧邸をゆっくり見学するために、美術館を素通りするようになった。この矛盾から、二重の博物館という概念、つまり代表的作品と二流作品のための各スペースを持つ博物館の概念が生まれた。一八二一年にはすでに、ゲーテがそれを提唱し、一八八六年にはロンドンの自然史博物館で適用された。しかし、この博物館の実現には、建築上、広いスペースを必要とする。現代博物館学の実験場であるボストン美術館で、実際に試みられたのは、やっと一九〇七年から一九〇九年の間のことであった。

一九〇二年以降、ヨーロッパの多くの博物館では名画をひと揃えに展示することを断念した。かつての大広間は、プラド美術館をはじめ、その他多くの地方美術館で見られるように、衝立《ついたて》や仕切り壁で小部屋に区切られている。二つの区分という原則に基づいて、美術館のなかには、二階に分けて、バイエルン美術館やウェールズ美術館のように第一級の絵画を一階に、あるいはペンシルヴァニア美術館のように二階に配置しているところもある。

同時に、たった一列のシメーズに並べて架けるという簡素化した展示方法が見られ、やがて、それさえも省略されるようになった。このように建築上の簡素化が進むにつれて、代表的作品を専用の一室に完全に独立して展示するまでになった。プラド美術館の『宮廷の侍女たち』、ハーレムにある（ハルス）美術館の『老人救貧員議員たち』、アムステルダム美術館の『夜警』がその例である。アメリカでは、ボードにカンヴァス一点のみを架けるシステムが推進され、イタリアでは、展示室の空間に目に見えない紐で絵画を吊るすため、間仕切りを取り除くことまで行なわれた。

当然、反動が起こるのは必至だった。一九三四年に新設されたボイマンス美術館では、八年間の理論的研究の末、装飾と絶対的な簡素の中間的展示を採用した。こうした過度の純粋主義と専門化に対する反動は、とりわけ古い建築物を好んで美術館に利用しているフランスとイタリアで顕著であった。これは、建物の尊重と近代的改装の必要性のバランスを取るために、慎重な修復を要求されるものの、古い建築物を保存するよい手段である。このことは、歴史的復興に対する一般市民の理解が明らかに向上したことによって、容易になった。アメリカ人の映画監督たちが無意識にこの風潮を広めていった。

建物自体が興味惹かれる美術館に展示された作品は、他の美術館が持ち合わせていない歴史的建造物の魅力を利用することができる。モン＝サン＝ミシェルやヴェルサイユにはルーヴルよりずっと多くの観光客が訪れる。[1] それゆえに、フランスやイタリアが、司教館をはじめとして、宮殿あるいは、もっと意外と思われる市場や刑務所、テニスコート、製粉所、学校にいたるまで、宗教的な建物であろうと、民間のものであろうと、可能な限り、このような建築物を博物館として利用することは必然的なことである。とりわけ、修道院は中世芸術作品、あるいは単に宗教的作品の展示場としてこの上もなくふさわしいところである。

（1）一九九九年の入場者数はフランス文化省編『文化統計』（二〇〇〇年版）によれば、次の通りである。モン＝サン＝ミシェル（二〇六万人）、ヴェルサイユ（二六五万人）、ルーヴル美術館（五二六万人）。

美術品とそれを収蔵する空間は、それが一定の調和を維持していさえすれば、時代的に完全に一致していることは絶対条件ではない。したがって、古代様式あるいはロマネスク様式の建物に古典主義様式の芸術作品やルネサンス、あるいは近代芸術作品を展示することは可能である。一方、ゴシック建築はバロックまたはロマン主義芸術と最もよく調和する。

この調和は、一七九五年、ルノワールが、プティ＝ゾーギュスタン修道院の回廊にあるフランス記念物博物館で手がけた歴史の再構成によって予感されていた。そこでは、目録に書かれているように、《聖ルイ以降の美術の漸進的な歩み》を辿ることができた。各展示室は、展示作品の時代にふさわしい装飾が、少なくともロマン主義の精神で思いつく限りの方法で施されていた。ステンドグラスから薄明かりの差し込む丸天井の部屋を突き抜け、イチイや杉の植えられたエリゼ庭園に入ると、幾つかの彫像が横たわっている。

このような過去の復元は、古い建造物がなくても、まったく新しく再建された空間のなかに調度品を置けば、もっと簡単に実現するだろう、と博物館学者たちは考えた。これが一九〇四年にボーデによってカイザー・フリードリッヒ美術館の展示方法に利用されたシステムだった。当初、このシステムはしばしば手本とされたが、二十年後には、さまざまな建造物の途方もないパロディと違わない複製品が次々と現われ、ルートヴィヒ・バイエルン公が複製品を使ってミュンヘンを《北方のアテネ》に変身させようとさえ考えるほどになったため、見放された。

展示場のレイアウトはすぐに意表をつく印象が失せて、更新の必要が生じてくる。とくに、博物館の学芸員はつねに様式によって分類する傾向にある。しかし、実を言うと、展示空間が象徴的に融和していれば、つねにすべての博物館で見られる、全体的な統一が欠けているという最大の欠点がカバーされるのである。この意味で、歴史的な雰囲気作りという原則を推し進めると、博物館内にまとめて運び込まれた本来の空間そのものによって、調和がもっと簡単に得られるということに気がつくのである。こうして、一八八八年、古い修道院の装飾を利用したドイツの美術館ができ、ガン〔ベルギー西部の都市〕では古い病院の建物内に設置されたビロック美術館が開設された。

これらの試みは、様式の統一を追及していくことで理解することができる。この意味での理想的な解決は、一つの美術館で一つのジャンル、一時代、一人のアーティストだけを扱うことである。このような例に、十五世紀の城館のなかに中世の美術品を専門に置いているパリのクリュニー美術館や、一九二五年に開館したウィーンのベルヴェデーレ宮殿内にあるバロック美術館、一九二二年に市民美術館のコレクションをグラン・カナル宮殿に集めたヴェネツィアのカ・ラツォニコ美術館などがある。

この考え方は一九二〇年にアメリカでも採用され、古い時代の内装をそっくり持ち込んだ「メトロポリタン美術館」のコロニアル・スタイルの展示室や、マダム・ポンパドールが一七四一年に調度品を揃えたミュエット城の二部屋を持ち込んだボストン美術館（一九二九年）の装飾全体のように、昔のインテリア全体を移すことが行なわれた。ヨーロッパでは、この傾向はそれほど顕著でない。しかし、アテネのビザンチン美術館（一九二九年）には、ギリシア、ロマネスク、ビザンチンの三様式の教会を復元した三部屋がある。バルセロナでは、カタルーニャ考古学博物館（一九三二年）が二つのコンセプト、すなわち、学術的な考え方と、審美的な考え方を併用し、発掘によって発見されたものを、それぞれ元来あった場所と正確な位相関係を持つような状態に置いて復元している。[1]

（1）保存に対する国の考え方は、国民性や政策的方針、気候的条件にも依存している。カタルーニャ考古学博物館には、見事なほどのロマネスク時代からの教会壁画や中世美術作品、ゴシック美術品が展示されているが、壁画などは現地の高温多湿の場所で保存しておくことよりも、博物館内部の環境のほうが保存には適しているからである。これに対して、フランスは現地保存の考え方を採用している。

今後は、室内空間の復元にとどまらないだろう。理論的には、モニュメントそのもの全体を元来の場所から博物館の展示場に移すことが求められる。アメリカは、とくに、アメリカ国内には見られない中世のモニュメントについて、こうした作業をすることに大いに乗り気である。彼らにとって、中世キリスト教文化の典型的なモニュメントだと思われる修道院の回廊は、強い関心の的となっている。こうして、ニューヨークのメトロポリタン美術館の別館には、フランス・カタルーニャ地方のサン＝ミシェル＝ド＝キュクサ大修道院、サン＝ギレーム＝ル＝デゼール修道院、ボンヌフォン＝タン＝コマンジュ修道院、トリ修道院から移した四棟の回廊が完全に復元された。

ヨーロッパも、この方法を回避してはいない。アイギナ島〔ギリシア南部の古代遺跡〕のペディメント(1)はミュンヘンのグリュプトテーク〔彫刻陳列館〕に運び込まれ、ペルガモンの大聖壇はベルリン・フォーラム美術館のガラス天井の下に置かれている。ミレートスの市場、バビロンのイシュタル門（モスクワ）は不幸なことに、雰囲気があまり歴史的に忠実でないことと、防腐剤を使用しているために、真実味が失われてしまった。

(1) 建物の上部や窓・出入り口の上に取り付けられた主に三角形の切妻壁部分。

II 博物館都市と歴史建造物

実際、究極の解決策は観光産業によって見出された。自国の財宝を奪われた国の愛国心が高まり、神聖なる石の大量運搬に対する警告の声が起こり、またとくに、物見遊山の者にとって、より真実な喜びを得ることができる自動車での旅行が増加したことによって、人びとは地元から記念建造物を持ち去ることをやめ、有名なモニュメントのある現地を訪ねるほうを選ぶようになった。

そうすれば、これらの歴史的建造物を分類し、修復し、博物館に変えてしまえばよいのである。博物館建築物、博物館都市は博物館学精神の究極の到達点であり、元来、考えられていた形の博物館への最終目標である。偉大な人物の生家から有名な景勝地にいたるまで、あらゆるタイプの観光スポットがある。たとえばレ・シャルメットのジャン＝ジャック・ルソーの家、シンビルクスのレーニンの家、マウント・ベルノンのワシントンの家などを挙げることができる。有名な人物に関わる土地ではなくても、旧ポルトガルの管轄地であるサバラ（ブラジル）の金の家、あるいは、フランスのラトリー鉱山跡、フィリップ・ド・ジェラールの紡績工場、あるいはペルージュ（フランス）、シエナ（イタリア）、ブリージュ（ベルギー）などの町全体なども挙げられる。

しかし、このような古いモニュメントを活用することは、どこでも可能なわけではなく、しかも世界中に新しい博物館をどんどん開設すれば済むというものでもない。そこで、まったく新しい形の博物館が建設されるようになった。プログラムの要求がおびただしくなるにつれて、どの施設もすぐさま手本でありつづけることはできなくなった。近代的な快適さの整備や、照明、暖房、空調、安全管理などの必要性から、理論や美観を妥協しなければならないことを別にすれば、ある一時代の様式の建築空間においてでさえも、コレクション、建築、学芸員、あるいは見学者によって、多くの可能な解決方法が存在する。

まず、博物館の配置は独断で選んではならない。こんにち、大学都市がそうであるように、博物館は都市の中心街よりもむしろ周辺部に配置される傾向がある。こうすれば博物館と展示作品は、ごみごみした、騒音の多い環境から守られるだろう。周囲のスペースによって和らげられた光線や、選りすぐられた数々の影像が最適な配置に置かれた博物館を囲む庭園を楽しむことができる。アメリカで、博物館が教育の役目を果たすと同時に、観光客の憩いの場ともなる文化センターになる傾向があるのはこのためである。

歴史的建造物のなかに置かれた博物館は、その機能より、むしろ時代に左右される。建築的構造は、車の車体同様に、肉体に張りついた皮膚ではなく、さまざまに変動する外皮である。外観は、ヴィオレ・ル・デュックが考えたように、もはや国にも、土地にも機能にも左右されない。流行の、あるいは財政状況から選択された素材に左右されるのである。しかし、建築のデザインがひとたび選択されると、必然的に機能が支配するようになる。宝石は影像のようには展示されないし、近代絵画は先史時代の遺跡と同じようには展示されない。美術館は科学博物館とは異なるのである。

その上、いかなる博物館も社会的条件が不可欠である。というのは、博物館は芸術的用途以外に、文化的、儀式的用途にも利用される傾向にあるためである。コンサート・ホールや講演会場、会議場、フェスティヴァルの会場にもなる。貴族政治制度時代の宮殿が博物館になったように、博物館が市民の宮殿になってもおかしくはない。

Ⅲ　博物館の設計

こんにち、博物館は多くの機能を果たしている。一九七〇年代に私たちが基準と見なしたことは、将来、その時代の様式の反映と見なされるにすぎないだろう。そして、もし規則を明記する必要があるならば、それは、まず否定形のものになるだろう。古いモニュメントの複製あるいは古代芸術の無意識的な借用はもはや必要ない。私たちは、建物自体が目的を持っている学校の建築にはもはや我慢できない。しかし、博物館はそのことを忘れさせながら、役割を果たさなければならない機能的な建築物である。このことは、特異性や誤った合理主義を排除し、反対に、盗作と醜聞のちょうど中間の位置にあることが要求される。理想的な博物館は、自分の家のように私たちを迎えてくれるものでなければならない。

巡回を必要とさせるような博物館の設計は非常に大切である。ギャラリーに由来する古典的な博物館は、ドイツの多くの博物館にこんにちでも多く見られるように、細長い形をした建物である。その例として挙げられるミュンヘンのアルテ・ピナコテーク（一八二六～一八三六年）には、間接採光の連なった小部屋に囲まれた、天窓採光のギャラリーがある。(1) この設計様式は世紀末まで残存した。

(1) アルテ・ピナコテークを古絵画館と呼ぶのに対して、ノイエ・ピナコテークを新絵画館と呼んでいる。バイエルン州立絵画コレクションのうち、アルテ・ピナコテークは中世末から十八世紀までのヨーロッパ絵画部を展示している美術館。

図1　ミュンヘンのアルテ・ピナコテークとノイエ・ピナコテーク

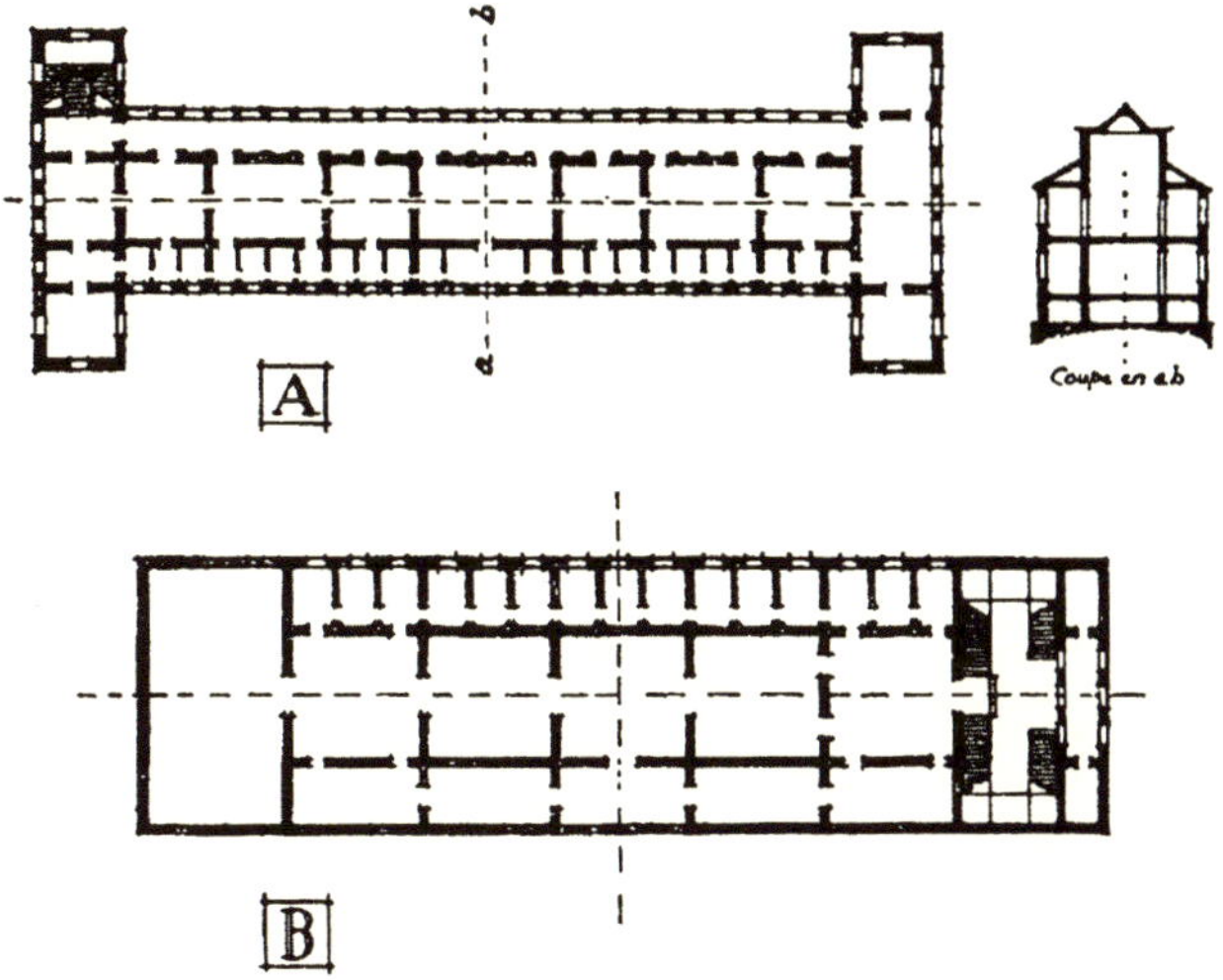

古代のアトリウム〔古代ローマ神殿の前庭〕に由来する設計は、屋根つき、または屋根なしのパティオ〔中庭〕を囲む四辺形をかたどっている。ミュンヘンのグリュプトテーク（一八一六〜一八三〇年）がその例として挙げられる。十九世紀を通じて、博物館は《サロンの絵画》を受け入れることのできる堂々たる大広間、または、現在もルーヴル美術館のモリヤン・ギャラリーやダリュー・ギャラリーに見られるような古代彫刻がそこかしこに置かれた宮殿のギャラリーの形を守っていた。大ギャラリーのそばには、幾つかの小部屋が《キャビネット》という名をとどめて、その名残を示している。ミュンヘンのアルテ・ピナコテークにある《ドイツ式キャビネット》やルーヴル美術館にあるフラマン式キャビネット、オランダ式キャビネットなどがそれである。

　コレクションの絶えまない増大によって、十九世紀の博物館は拡張をともなうという問題が生じてき

図2　トゥルネ美術館の設計図，2階（左），1階（右）

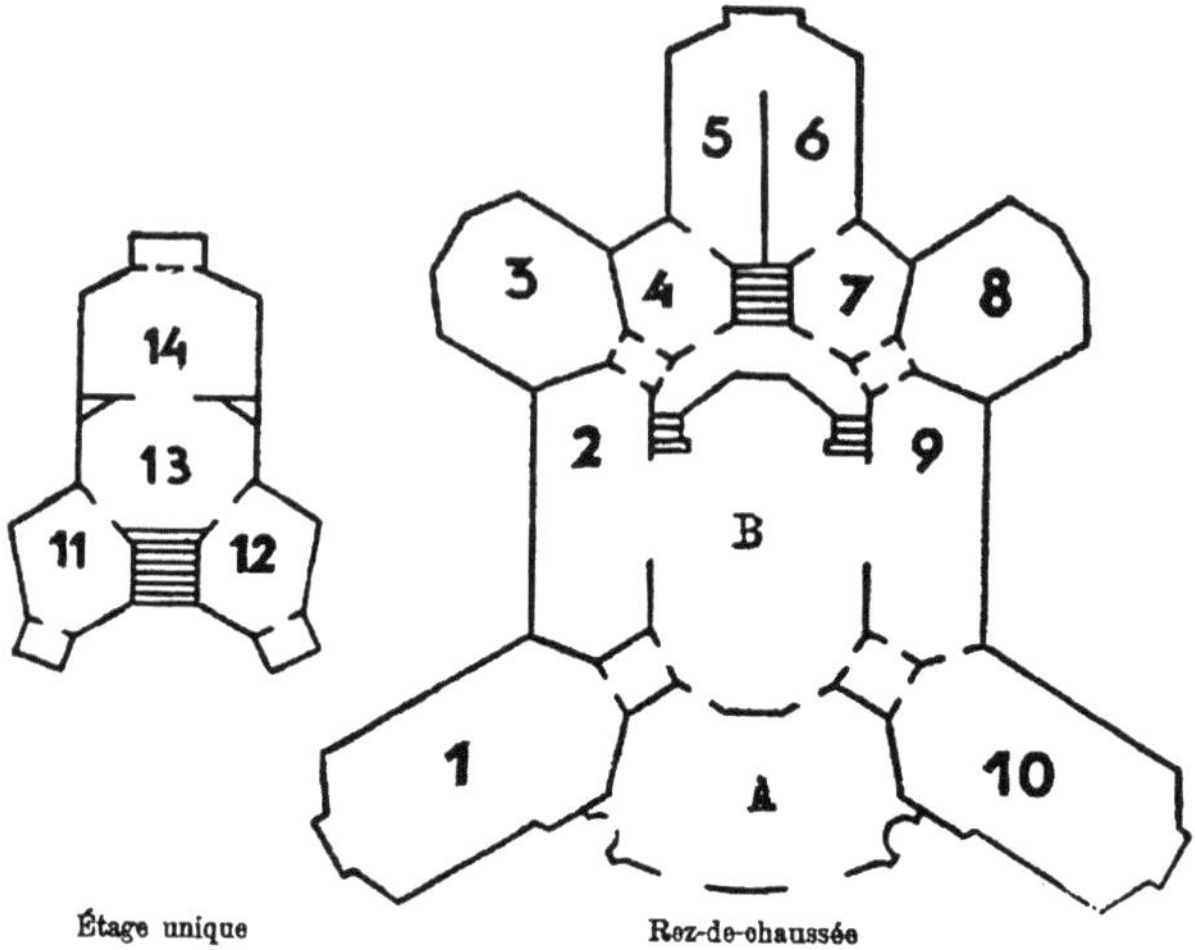

た。拡張は、ドレスデン絵画館（一八四七年）のように、元来のギャラリーを中央階段によって左右対称にしたり、あるいはアムステルダム「国立美術館」（一八七七〜一八八五年）のように中央階段をつけて四辺形にしたり、「大英博物館」のように元来のギャラリーに平行なギャラリーを加えたり、あるいは、あらゆる古い博物館で見られるように、より簡単な方法で実施されてきた。たとえば、ルーヴル美術館やシカゴ芸術研究所では会議室や図書室の増設が可能となった、中庭を埋める方法などがある。

さらに巧緻な設計図が空間の幾何学的分割の研究から生まれた。この方法で、完全に均一な照明効果が可能となる展示室の放射状の拡張を行なうことができる。その図面は、八角形の中央ホールの周りに、ミツバチの巣に似た房が増殖しているように見える。これは、ヴィクトール・ホルタの設計によるトゥルネ美術館（一九一四〜一九二八年）の設計図であ

図３　ヒューストン美術館（テキサス州，１階）

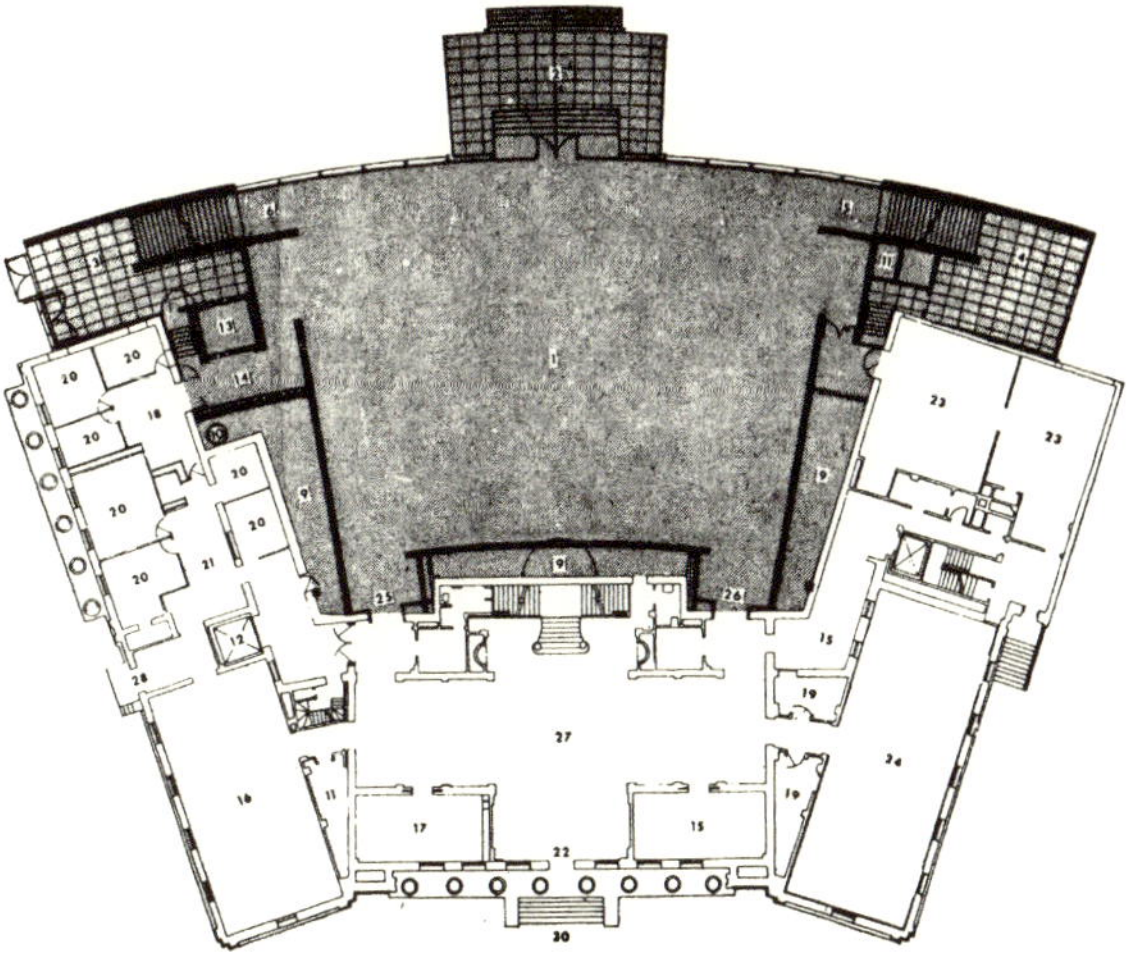

る。この美術館では、一人の警備員がすべての部屋を監視することができる。

また、光線が充分行き届かない死角を排除したボストン美術館の多角形の展示室をあげることもできる。こうした例は、作品にふさわしい展示室で人間の立場に立った展示をするという、二重の博物館を作るにいたった意図と同じ結果になる傾向を示している。ルーヴル美術館ではその原理を採用し、現在、実現しつつある。

確かに、二重の、あるいは三重の博物館について多くのことが言及されてきたが、実行されたことはわずかで、その意味では、計画ばかりだった。最近建設された博物館で、二重のTの形をした一〇〇〇平方メートルの部屋があるサンパウロ美術館（一九四七年）、一九五三年に開館した、先に建てられた長方形の建物に、三角形の形をした六階建て建物を組み込ませたエール大学美術館（ニューヘヴン）、壁も仕切りもない二六×一三〇メートルのギャラリーを持つリオ近代美術館（一九五七年に建設開始）などは《自由な》博物館である。

最近建設された独創的な博物館の建物は、建築家ライトの設計によるニューヨークのグッゲンハイム美術館（一九五九年）で、これは、七階建ての螺旋形タワーの形で、切れ目のない鑑賞が可能である。しかし、このスパイラルはカンヴァスにとっても、鑑賞者にとっても、合理的というよりは不便である。その理由は、床が斜めで、壁が曲がっているからである。有効性の観点から言えば、スペースの損失が著しい。奇妙なことに、このモニュメントには、ある特定のコレクションを収める予定であったにもかかわらず、その四分の一の作品しか展示できないという。グッゲンハイム美術館は階段のなかにある博物館である。ガラス張りのドームの下に限りなく増大するこのスパイラルは、馬に乗って駆け上がることのできるロマネスク建築のドンジョン〔城塞の主塔〕の階段、あるいはシャンボール城の有名な螺旋階段を無意識に借用したものにすぎない。

現在、あらゆる拘束から解き放たれて、考えられる博物館としては、二つのタイプの建築様式が考えられる。第一は、空っぽの空間という実践論的なタイプである。ブリュッセル万国博覧会（一九五九年）におけるフランス・パヴィリオン、または、階層のない空洞の空間内の随所に、動く建築物が置かれているラ・デファンスの円形広場がその例である。もう一つのタイプは、まったく異なったタイプで、鑑賞者をあらゆる移動とあらゆる疲労から開放する、自動式博物館である。本書の付録に、私たちが提案するこのタイプの可能な解決案を記しておいた。

図４　グッゲンハイム財団のソロモン・グッゲンハイム美術館，１階

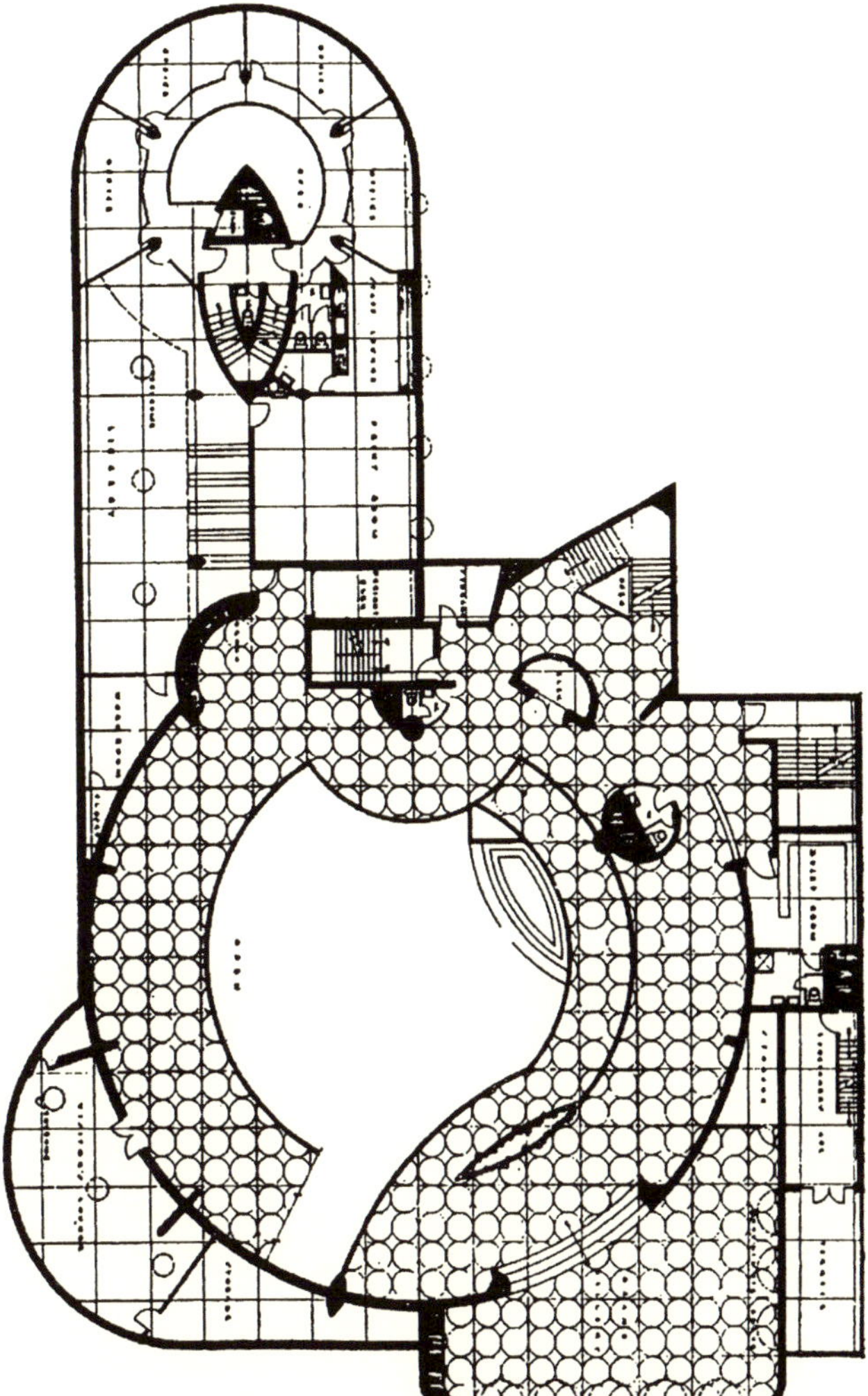

博物館の建築学的な変遷から何らかの教訓を引き出すことができるとすれば、それは現代建築への同調を確認するような教訓に違いない。博物館は博物館である前に、その時代を代表するモニュメントである。それが魅力であり、また義務でもある。

第四章　博物館資料の展示

I　展示室の内装

1　室内装飾

現代の博物館の外観は、その建物の使用目的にはほとんど左右されないが、博物館の内部についてはまったく事情が異なり、その機能にふさわしいものでなければならない。展示室について構想を練りはじめる時点で、さまざまな問題を種類別に分けて検討する必要がある。なぜなら、建築は建物全体について考察されるべきものであるのに対して、博物館は細部が考慮されて初めて、その機能を果たすことができるからである。

博物館の建物が古い時代のもので、建物内に置かれている家具調度品も古いものである場合は、当然、改修は最小限にとどめて、そのままの状態をとどめておくべきである。家具類が置かれていなくても、室内装飾が無傷で真正のものであるならば、同様にそれを保存し、室内装飾に調和する美術品を展示するべきである。建物だけが残っている場合は、このケースが最もよくあるパターンであるが、建物の内部を空洞の「ほら貝」のように見なして、新しい建物を建てるように、可能な限りの近代技術を駆使するべきである。

たとえ調度品がどの部屋にあったものか分かっており、元来の配置を知っている場合であっても、古い時代の装飾を当時のままに《復元》できることは、非常に稀である。P・ベルレ氏が緻密な研究をして、ヴェルサイユ宮殿の内装を復元しようと努力したものの、徒労に終わったことは、それが煩雑なだけでいかに無益なことであるかを例証している。このことには、もう一つの理由が介在している。復元をするということは、つねに時代を遡ることである。ロマン主義時代の建築家はロマン主義様式の作品を創り、ゴシック様式の作品は創らない。現代に行なわれる復元についても事情は同様で、たとえば、フィラデルフィア美術館がそのよい例である。イタリア人はその対極に走り、宮殿の内壁を、壁の地肌が出るまでこすり削り、そこに、古い時代の絵画を額に入れないで展示するといった手法を選ぶのはそのためである。しかし、これもまた古い時代の建築に私たち現代人の流儀を押しつけている、というもう一つの過ちを犯していることになる。

こんにちでは、新しい博物館を建設する場合には、人間的な尺度に立ちもどり、展示される美術品の規模に釣り合った展示室のある建物を建てる傾向にある。美術館の場合は、展示室は五×七メートル、最大でも二〇メートルを超えないものが適当である。多目的に利用される博物館や装飾美術館の場合は、視界が広すぎて疲れやすくなる。これを避けるために、広いスペースのなかに可動式間仕切りを置き、小さい部屋をたくさん作るのが望ましい。次第に、収蔵品の展示によって変えたり、異なる美術品の対比ができるように柔軟な建築が求められるようになった。十五世紀や十六世紀の建築物を使っているイタリアの博物館でさえも、現在では、絶対的な純粋主義の考えから、あらゆる装飾を排除している。中世の建築様式の原則に反して、内部スペースは正面ファサードを無視している。

要するに、内装の改修に求められる最も重要な課題は、巡回しやすいということである。これは、展示室内の美術品の配置に密接な関わりがある。配置と巡回に関しては、建築家と学芸員が協力して構想を練る必要がある。この二点について考えれば、どの扉を開放するべきか、あるいは閉鎖するべきか、どの窓を開口窓にするべきか、あるいは閉じるべきか、わかるようになる。床や壁、装飾については、その後で考えるべきであろう。

2　内装材の材質と色

床の化粧材は重要なポイントである。なぜなら、入館者に促される注意事項の一つである足音に影響するからである。南国にある宮殿内の彫刻展示室の床材には、大理石、石材、テラコッタ(1)などが好ましい。木材は、絵画や調度品の展示室には最適だが、ワックスをかけると光りすぎるという難点がある。足音の響かないコルクはとても傷つきやすく、ゴムは絵画に悪影響を及ぼす。こんにちでは、合成素材や、コンクリートの上に合成樹脂のワニスを塗ったものなどがあるが、それらの新素材が、床暖房をしても危険がなく、美術品に対して有害な物質を発散しないものでない限り、使用は難しい。

(1)「焼いた土」を語源とするイタリア語。建築物の外装に用いる粗陶器版。建築装飾のほかにも、彫像にも利用されている。

床と内壁の色はとても重要な要素である。床は壁より暗い色でなければならないし、その素材はごくわずかな反射効果を持つものでなければならない。広い展示室の壁は薄い色がよく、狭い展示室の壁はもっとはっきりした色でなければならない。壁の色調は、つねに中間色で、くすんだ色でなければならないが、単調にならないように変化をつける必要がある。微妙な濃淡の変化を持つグレーに、暖色系統の一つの選択肢として、目に見える色相の中央の色と調和するピンクがかったベージュ色の系統で、さまざまに変化をつけた組み合わせを使うこともよいだろう。古い時代の美術品には、目立たない色調のほうがよく、近代の美術品には、より鮮明な色調のほうがふさわしい。

壁の材質は、石灰、スタッコ、石材から、近代産業が生んだきわめて薄い板を繊維に貼り付けたあらゆる高級木材、あるいは壁紙、リネンまたはジュート〔黄麻の繊維〕、さらには、ラフィアのパイル、革、絹、ダマスク(1)、ビロードにいたるまで、その選択肢は無限にある。しかし、ホコリの付かない素材であると同時に、光線で色あせしないものであることが望ましいということを指摘しなければならない。

(1) 文様を織り出した紋織物、西洋緞子《どんす》。

3 絵画作品の配置

実際には、シメーズを省略するにしても、少なくとも、シメーズのことを念頭に置く必要はあるし、幅木は維持しなければならない。美術品、とくに絵画を架ける位置は、かなり低い位置にする必要がある。なぜなら、視線は下から上により、むしろ上から下に向かう傾向にあり、高い位置に架けられた絵画を鑑賞するために無理な姿勢をすることが、いわゆる《博物館頭痛》の原因となっている場合が多いからである。絵画の架け方は、伝統的なやり方に従って左右対称にする場合でも、反対に、微妙な不均衡を作りだす場合でも、絵が互いに邪魔にならないように、ある程度のスペースを取る必要がある。しかし、次の作品への移動距離が長すぎないように、また、二つの作品を比較できるように、離しすぎないように留意しなければならない。展示室内の美術品の配置によって、それぞれの作品の関連性が想起されるように展示するのが巧妙な方法であろう。視線は本能的に中央に向けられるため、最も重要な作品を中央に置くのがよい。もし、その作品が小さいものであるなら、それ自体が額に入っている、いないにかかわらず、布を張った板に固定して、広がりをもたせる必要があるだろう。これらの補助板は、左右対称の配置が望まれる場合、高さを等しくするという長所もある。

4 展示具、吊下げレール

作品を架ける装置はレールがほとんど見えないようなものでなければならない。必要に応じてレールを背景と同じ色に塗るのもよいだろう。この装置は、窃盗の企てを阻止するものでなければならないと同時に、内壁の厚みに合わせたレール上での取りつけが容易になるように、滑りをよくする必要がある。

作品をどのように配置して、調和させるかという課題に対しては、学芸員のアイデアとセンスがものをいう。同じ芸術家の作品を隣り合わせることもできるし、反対に離すこともできる。さまざまな芸術家の肖像画、静物画、風景画といったジャンルごとにまとめて展示することもできる。一人の巨匠とその仲間たちの作品をまとめてもよい。要するに、鑑賞者が無意識のうちに喜びを感じるような調和と最良の美的効果が出せるような配置であれば、どんな組み合わせでも可能である。

5　額縁と額装

絵画の額縁については、元来その作品が入っていた本物の額縁、または作品と同じ時代の額縁であることが理想的である。幸いにも、ジェルマン・バザン氏はルーヴル美術館の多くの絵画で、このような額装をすることに成功した。白い紙で縁取った印象派の絵画や、イタリアで流行している額縁を付けない方法などは、非具象派にくらべるとまだ我慢できるものの、私たちにとっては、行きすぎた純粋主義のように思われる。プーサンがシャントゥルーに宛てた手紙のなかで「絵画は、その色を汚すことなく、それらの色と穏やかに調和する渋い金色で縁取られるべきだ。絵画は目のほんのわずか上か、むしろ下に置かなければならない」と書いている。この有益な忠告を思い出すのが賢明だろう。

Ⅱ　展示の演出と展示方法

芝居の演出を模倣するに至らなくとも、演出効果についてのある種のセンスは必要である。この効果はさまざまである。美術作品そのものによって、また作品が受け容れるものによって、あるいは求めるものによって、割り当てられた展示位置によって、また鑑賞者によって、というようにさまざまな効果が生まれるのである。

1 演出効果と作品の価値

膨大な所蔵品のなかから、展示すべき作品を選択することを考えてみよう。それぞれの作品は、それがどのような種類の作品であっても、相対的な重要性によって関心を引きつけるものでなければならない。相対的な重要性とは、たとえば、美しさ、あるいはその画家の全作品のなかで占める位置、その主題、風景、肖像、またはその時代の代表作のことである。あるいは単に、さほど重要な価値があるわけでないが、より重要な二つの作品を結ぶ過渡期の作品という理由によって《分離する》必要がある作品のことである。代表作というものは、当然例外的なもので、代表作が隣り合わせにされることによって、互いに価値を損なうことはあっても、その神髄が融和しあうことはけっしてないからである。中庸の作品も、静寂と休息として必要なものである。

年代順の展示は、それ自体、ぜひとも必要なものである。絵画、彫刻、調度品など複数の技術を取り混ぜる場合は、それらのうちの一つを優位に立たせ、その他を装飾的な役割に回す必要がある。二流の彫刻は、絵画の大作と一緒に展示する。二流の絵画は、調度品の部屋に展示するといった具合である。言うまでもなく、古い時代の室内装飾がそのまま復元されている場合は例外で、その場合は、いかなる作品にも優劣をつけるべきではない。

学芸員が声には出さず、それとなく提示したいと思う解説は、扱われているテーマ、年代、題材、国などの簡単な併記事項から示唆される関連情報によって感じられることが必要である。私は、トゥールーズにあるポール＝デュピュイ博物館を訪れたときに感じた大きな喜びをよく覚えている。そこはラングドック地方の風習を紹介する博物館で、農民が使用するさまざまな農具が、中世の着想に従って、水、土、大気、火という四つの要素で分類されていた。

二重あるいは三重の博物館という問題は、一時的に姿を消したのち、再びもてはやされるようになっている。というのは、絵画作品を選択するのに、どのような基準で選んだらよいのだろうか？

専門家は他人が選んだ作品を余り好まない。たとえ学芸員が運良くよい趣味を持ち合わせていたとしても、すべての人びとに好まれることはありえない。自分の趣味を押しつける嫌いがある。結局、どんな博物館も所蔵するすべての美術品を展示することはなく、とくに、大きな博物館の場合は、最初に選別したものしか展示しない。小さい博物館の場合は、展示作品を限定しないため、選別する必要はないだろう。

周囲の雰囲気は復元するよりも、品質はどうであれ、特徴がなく、ほとんど象徴的な背景に幾つかの孤立した要素を置くコポーの演出手法で、雰囲気を暗示させる方が好ましい。どんなに丁寧でよく研究された復元をしても、現代人の顰蹙《ひんしゅく》を買うか、爆発的な嘲笑の種となるだけだろう。この場合は、知的な純粋主義がふさわしいのである。

2　台座とガラスケース

彫像や半身像の場合は、それらを支える台座は、大理石、石または木がよいだろう。石像は石にマッチし、ブロンズ像は大理石に、テラコッタ像は木と調和する。小さい美術品の場合、必要悪ではあるが、ガラスケースを使用する。このような美術品には、枠がないか、ほとんど目に見えない釣鐘型のガラスケースで、一まとめに持ち上げられるものが必要だろう。二、三種類の標準ガラスケースについての国際的な取り決めがあれば費用が相当減額されるだろうが、それまでの間は、背の低いガラスケースより背の高いガラスケースを選択するほうが望ましい。低いガラスケースでは、鑑賞者は身をかがめたり、這うような姿勢をしたりという動きを強いられることになる。ガラスケースは目の高さが中心になるように、床からの高さが一・五〇メートル、最も低くて〇・九メートル、最も高くて一・九〇メートルで、横幅は最長で一・五〇メートル、奥行きは〇・七五メートルとするのがよいだろう。壁に押しつけるタイプ、あるいは内壁のなかに、はめ込んだ長方形のものにしてもよい。六角形のものを展示室の中央に置くこともできるが、反射光を避けるために内部はつねに照明されている必要がある。

ガラスケース内の美術品の配置に関しては、これこそ、正にセンスの見せどころである。料理人の腕前がソースで判断できるように、ガラスケースのレイアウトを見れば、学芸員のセンスが判断できる。あまりに明白なシンメトリー〔左右対称性〕は、どのような場合でも慎重に避けなければならない。幾つかの美術品が並ぶ小さな舞台という縮小されたイメージのなかには、あらゆる困難が凝縮しているが、あらゆる解決方法が可能である。この種の技巧に不慣れな学芸員にとっては、有名な商業ディスプレイ・デザイナーから学ぶことが多くあるだろう。逆に、熟練した学芸員はデザイナーにアドバイスを与えることができる。

3 グラフィック・コレクション

以上述べてきた見解は、美術館、それもとくに絵画美術館についての考えである。実際、美術館長は考えられているよりずっと有能であると、本書の見解を批判することはもちろん可能だろう。ギリシア古代美術の、あるいは民俗学の《専門家》は、一つの文明全体について、時には複数の文明について把握しているのであるから、その分野に関しては、膨大な知識をすべて習得しているに違いない。その上、美術館と科学博物館の発展のバランスがあまりに厳密であるためにこのような考察は、いずれにも利益とならない単なる枚挙法になってしまうだろう。美術館でも科学博物館でも同じ問題が起こっており、同じ手法が要求されているだけに、なおさらである。しかしながら、絵画館以外の、その他の博物館についての特別な解決策を簡単に検討する必要がある。

グラフィック・コレクションは、美術品のなかで、展示するのが最も困難なものである。これらの作品は、最大四十数点が入る可動式の装丁ケースのなかに保存しなければならない。そのサイズは、現在はまだ非常に多様であるが、将来は、もっと利用しやすい四、五点の国際規格に集約することができるだろう。マットをかけたデッサン画は、装着用ブリストル〔上質厚紙〕の寸法と同じ寸法の額縁をつけて展示するのがよいだろう。

版画やデッサン画の常設展示は、照明によって紙が傷み、インクの色があせるため、禁じられるべきである。これらの作品を一時的に展示する場合は、大きな展示室で、和らげた照明を用いる必要がある。利用しうるどんな展示方式でも、よく見えるようにとガラスケースのなかに移された傷つきやすい紙片にとっては、金庫のなかに入れられた蝶のように、重々しすぎたり、仰々しすぎたりする欠点がある。受け容れられる唯一の方式は、最も見えにくい方法であるが、デッサンまたは版画を二枚のガラスまたはプレキシガラスの間にぴったり挟み、目立たない留め金ネジでとめ、壁または可動式間仕切りに架ける方法である。

4 コイン、メダル

コインやメダルは、それが持つ真の価値ゆえに、とりわけ金貨の場合は、最も盗まれやすい展示品である。保安に関しては、本書で扱うべき本質的な要素ではないが、コインは金庫室のように防犯装置のある部屋に保管しなければならない。コインの収納具は、一般に、板状の引き出しがあり、それぞれのコインは、その大きさにピッタリの窪みのなかに入れる仕組みになっている。これらのコレクションはとくに種類が多く、その所蔵率は、フランスでは九〇パーセントに達している。最良の展示方式は、コインまたはメダルを二枚のガラスまたはプレキシガラスの間に挟み、一枚の薄い差込ケースのなかに固定し、目の高さに置く方法である。こうすれば、鑑賞者はいかなる労力も必要なく、メダルの両面を見ることができる上に、照明がきわめて容易である。きわめて小さいメダルや、昆虫、宝石などのその他の小さいものを展示する場合は、拡大した写真を並べておくと役に立つ。

III　館種による展示の特徴

1　考古学博物館

考古学博物館に関しては、こんにちでは、発掘現場と同じ場所に開館する傾向がある。ポンペイでは、さらによいことに、最近発見された遺物は、その場に残され、発掘現場がそのまま博物館になっている。そして、可能な時に、かつて発見された遺物が元来あった場所に戻されるまでになった。しかし、この解決方法は多くの先史時代の遺跡や壁画で飾られた洞窟で採用されているが、必ずしも可能な場合ばかりではない。小さな彫刻ならば、当然移されるが、博物館内に現場の状況を復元することはあまり擁護できるものではない。重要な価値のある大きな古代彫像の場合は、《雰囲気を醸し出す》色と呼ばれる色で塗った、かなり広い部屋に展示するのが好ましい。すなわち、空を思わせる明るいブルー、または草木の緑にかわるくすんだグリーンで、これは大理石の彫像に完璧に調和する。一方、ブロンズ像は明るいベージュまたはライトブルーがふさわしい。テラコッタ像は、幾分黒っぽい高級木材のベニヤ板の前に置くのがよいだろう。

先史時代の証拠品は、博物館では目に見える芸術調度品として分類され、遺跡や洞窟では目に見える洞穴芸術として分類される。この二例の場合、一般に、展示品は美的なものというよりむしろ資料的なもので、考古学にとってのように、発掘時期ごとの分類が最も学術的である。発掘品はシリーズごとに展示し、そのために、厳正な選別が絶対に欠かせない。地図と解説も必要である。一般的に、小像や宝石、メダル、織物の切れ端など、小さくて展示が困難なものが多いため、それらを置く展示台を忘れてはならない。あらゆる近代的展示方法が薦められる。すなわち、調整できる尾錠《びじょう》のついた合成繊維の穴あきプレート、柔軟で透明なプレキシガラスの台、展示品を労力なしに見ることができる高さに固定できるナイロン・コードなどを利用することである。博物館によっては、発掘された美術品と遺体を元の位置に置くことにこだわって、ガラスの下に古代人の墓を再現したところもある。

2　民俗博物館

民俗博物館および民族学誌博物館にとって最も重要な課題は、展示品を地理的に把握できるように、きわめて正確な地図の上に位置づけること、またそれらを正確な地名によって特徴づけることである。それ自体では大きな価値がないものは、穴あきパネルに吊るすなり、あるいはパネルに吊るした横板の上に置くなり、または、そうした展示品専用の板に展示すればよいだろう。貴重な資料の場合はガラスケースのなかに配列する。民族的な雰囲気を再現したり、示唆したりすることは、それが展示品の使用方法を思わせる最も簡単な方法であるので、避けるのは難しいだろう。写実的なマネキン人形を使用することは避けるべきである。衣服や道具の展示の補助としてのみ使用するために、ベニヤ板、または鉄線でシルエットを形づくることは可能である。雰囲気の暗示には、充分に吟味した幾つかの展示品を利用することができる。こんにちの傾向として、発掘品は現場に残し、村落全体を博物館にすることが多い。しかしながら、まだ、屋外《民族学》博物館は北欧諸国以外では創設されていない。

3　工芸博物館

工芸博物館に対するとらえ方は、もはや、模倣する手本を求めて、そこにやって来たかつての職人のとらえ方ではない。強調すべきことは、歴史的な関連性である。たとえば、サン＝ジェルマン＝アン＝レーでガラスケース内に陳列された道具類についての見事な解説を見ると、新石器時代の道具類を現代の最も複雑な機械類と関連づけることができる。また、ある時代の、あらゆる生産活動に使用した装置を強調して展示する方法も望ましい。あらゆる工芸博物館の手本とされる「ヴィクトリア・アンド・アルバート美術館」が行なったように、(鉄工芸、織物工芸、家具工芸の) 技術を特別に扱うのもよい。年代順または地理的分類もある。ケルン伝統工芸博物館は、原材料と製造法、用途と形態、色彩と装飾など、さまざまな基準に基づいた観念的、実践的な分類方法を採用している。これはキーワード方式を思い起こさせる展示方法である。

4 自然科学博物館

こんにち、芸術の分野でも、資料的・教育的見解が美的見解とバランスを保っているために、科学博物館および自然科学博物館も、本書のテーマの範疇にある。ここでも、美術館同様に、相変わらず同じ問題が見られる。精密科学、数学、天文学、物理学については、純粋主義が不可欠である。自然科学については、民俗博物館や屋外博物館にもなるために、景観、植物相、動物相の全体的な再構成がぜひとも必要である。

科学博物館では、すでに述べたように、または次章で取り上げるように、あらゆる可能な展示方法を提供して、純粋主義様式のものから自然主義様式のものまで多様な形式が取られている。フランスの自然史博物館や「発見の宮殿」を訪れれば、その多様性を推し量ることができるだろう。グラフを掲示したパネルから教科書のような解説をする音声ガイド、あるいは、赤道地帯や北極、南極地帯を想起させるジオラマにいたるまで、その可能性は無限にある。ソビエト連邦やアメリカ合衆国では、科学博物館は絶えず増えつづけている。一九一〇年には五〇〇だった自然史博物館が、一九五三年には合衆国だけで二五〇〇館になった。フランスでは、前述の二つの大博物館を除いて、この種の博物館はほとんど存在していない。

フランスでは、人口の二五パーセントが、いまもなお農場で生活していることを考慮すれば、なんと言っても巡回農業博物館が最も必要な博物館だろう。いまや、それを設立しないで済むとは思えない。

Ⅳ　採光と照明

1　自然光と採光法

美術品の展示に関する一般的条件に話を戻そう。博物館の展示品は視覚によって鑑賞されることを目的としているため、展示のさいに考慮すべきさまざまな要素のなかでも、照明は最も重要な要素である。自然採光は一般に北から南の方向が好まれ、東から西に入射する側光は避けられる。照明するためには、ほんのわずかの量の太陽光、すなわち、一～七パーセントの光線量で足りる。というのは、この位の光量であれば、照らすだけで、まぶしく感じないからである。

光線が展示品へ及ぼす影響は重要な問題である。鑑賞者に直射光線が当たって眩しさを感じさせることや、反射や鏡効果は避けるべきである。光線をどのように展示品に向ければ最適な効果が得られるかは、美術品によって異なる。彫刻の場合は、側窓採光（〇～四五度）が最も効果的であり、斜光（三〇～九〇度）を必要とする絵画にとって最適効果が得られるのは、四五～七〇度の斜光である。

個人の住居に置かれていた初期のコレクションは、当然のことながら側窓採光の恩恵を受けていた。アントワープにあるルーベンスのギャラリーに見られるような芸術家の工房や、ヴェルサイユ宮殿の骨董品展示室、キャビネ・デ・ラルテ、パレ・ロワイヤルの摂政のギャラリーなどを手本として、天窓採光が見られるようになったのは、十七世紀になってからのことであった。この採光法は十八世紀に広まり、十九世紀には、天窓採光を採用することがギャラリーの規則であるかのように幅を利かせるようになった。ローマではピウス・クレメンス美術館のロトンダ〔ドームのある円形の建物〕でこの採光法が採用された。ナポリの美術館では、一七九〇年に、側窓を塞いで高窓を開口した。これは、二つの前例の長所をあわせ持つ頂側窓採光の最初の例となった。ルーヴル美術館のグラン・ギャラリーの採光はまだ不完全で、長年の論争の種となってきた。頂側窓採光が検討されたが、のちに、天窓採光が十八世紀末になってやっと採用され、艶消しガラスの天井となった。この方式は、サン＝ファルジョーの高等法院評定官の図書室ですでに取り入れられていた。サロン・カレでは、一七八九年のサロン開催のために天窓採光を取り入れようと試みられた。十九世紀には、この採光法が、小規模のキャビネットを除いて、一般的なものとなった。

しかし、こんにちのアメリカでは、より自然であるという理由から、側窓採光あるいは頂側窓採光に回帰する傾向が見られる。そうすることで、天窓採光の博物館で見られるような、鑑賞者が絵画の飾られた井戸の底にいるような錯覚を覚え、閉所恐怖症に陥る危険性を避けることができるからである。

最も古くからある側窓採光は、歴史を復元する博物館にとって不可欠である。側窓採光でなければ、時代錯誤の印象を受けるだろう。ボイマンス美術館のような、ごく最近建設された博物館の展示室にも、その例が残っている。ボストン美術館の建築時には、採光についての徹底的な研究がなされた。一室にひとつの窓のみ開口し、この窓の底辺は、立っている人間より下でないほうがよいということがわかった。窓枠側面はかなり深く取り、窓と照明される隔壁の最適角度は四五〜六〇度の位置に置かれなければならない。窓の間口は展示室の間口の三分の一で、窓の表面積は床面積の二五パーセント、高さは部屋の奥行きの半分でなければならない。

眩しさと反射光を避けるためには、二枚のガラスあるいはプレキシガラスやサーモラックスの間に、ガラスウール、またはアスベスト〔石綿〕の薄膜を入れた半透明の資材を使用するのが有効で[1]、この方式はバーゼル美術館やルーヴル美術館のサロン・カレで使用されている。しかし、逆の視点に立った解決方法も可能である。不透明な内壁に窓を開ける代わりに、近代的資材を駆使することで半透明の内壁を造り、室内では、スクリーン、可動式間仕切り、カーテン、ヴェネシャン・ブラインド[2]などによって必要な場所だけ覆うことができる。この方式は、非常に多様な展示を目指す流動的な博物館にとって好都合な解決策で、クラレンス・スタインがプリンストン大学付属美術館を建築するさいに採用した。内壁として使用される波板ガラスのブロックは、太陽の熱線を反射しながら、光線量の七九パーセントを透過する。その水平な外面は雨で自然に洗われる。

(1) アスベストは発ガン性があり、こんにちでは使用が規制されている。
(2) ヴェネシャンは繻子《しゅす》または綾《あや》織で光沢がある。

確かに天窓採光は、とくに絵画美術館の場合は、壁面を最大限に利用できるという長所がある。しかし、不都合も多い。第一の不都合は、光線が壁でなく床に集中することである。また、ガラスケースにあたる反射光が多すぎること、ホコリの多い都会では直ぐに天窓が汚れること、そのため、頻繁に危険を伴う清掃が必要であること、とくに降雪時の防水が困難であること、壊れやすく、したがって危険であること、その上、夏には、ガラス屋根の下は、耐えられないほど熱くなることである。このことは、ルーヴル美術館の最上階の展示室には、空調がなければ留《とど》まっていられないことが証明している。ところが不思議なことに、このような数々の欠点があるにもかかわらず、固定式または可動式の透明または半透明の天幕、あるいは反射スクリーンまたは放射スクリーンを使用することによって、これらの欠点をカバーしながら、多くの博物館で相変わらずこの方式が取られていることが確認されている。一九三五年にアメリカで創設されたトレド美術館でさえ、全室が完全に天窓の下にある。

頂側窓採光はけっして新しいものではない。教会の高窓に由来するものである。この方式は天窓採光の欠点の幾つかを回避し、しかも、壁が全面使用できる。しかし、反射光は残り、その分散が不均一である。この方式は、アメリカで時代様式を復元するのためにとてもてはやされている。この方式の一つのヴァリエーションであり、非常に実用的なものに、カルナック神殿の多柱式広間ですでに見られるランテルノー〔階段室最上部の採光室〕がある。これは、たとえばポートランド美術館で利用されているような、上部は閉じられているが、側面は開放された頂塔である。

2　人工照明

これまで自然採光に関して述べてきた。自然光の利用の困難さは、太陽光が高さ、方向、強さによって絶えず変化するということから生じるものである。建物に太陽の動きを追わせることは不可能であるため、建築家たちは反射スクリーンを取りつけることを考えた。これはすでに産業界で利用され、ナショナル・ギャラリーのデュヴィーン・ギャラリーで使用されている。建築家アンドレ・リュルサもまた、チタン・ホワイトを使って放物線状に反射する壁を考案した。その反射力は八五パーセントである。その他、鏡効果を利用した固定式あるいは可動式の装置も使用されている。

（1）パリのアラブ世界研究所は太陽光の取り入れを制御するシステムを採用している。

実際には、次第に人工採光が利用されるようになっている。直接照明は反射光の拡散分布がよくないため勧められないが、彫刻の場合は、側光であれば、かなりよい結果が期待できる。彫刻には、《スポット》投光器を使用することもできる。この原理は、光源の前にシルエット・マスクを置いて、展示品に、あるいはその周囲を正確に狙った光束によってのみ光を当てることである。絵画は、天井に壁と平行に設置された蛍光フレームまたは照明ランプを使用すると、かなりよい効果が得られる。

昼光から人工光への移行を気づかれずに自動的に行なうことのできる照明のひとつに、窓を半透明ガラスの内窓で二重にし、二枚のガラスの間に強力な光源を置く方法がある。こうすると、光電管によって、日が暮れるに従って、少しずつ明るくすることができる。間接照明は、雰囲気を出すためには素晴らしい方法で、この意図から、メトロポリタン美術館の幾つかの展示室で利用されている。彫刻は白熱電球による人工照明がよく合う。一方、ルミネセンスまたは蛍光による照明は鏡効果を嫌う絵画に奨められる。

要約すると、理想的な照明は、熱を出さない光源を見出せるか否かに左右されるだろう。博物館は、日中働いている人も鑑賞できるように、次第に遅くまで開館するようになるため、ますます人工採光が取り入れられるようになるだろう。こんにちまで、最も欠点の少ない解決策は最小限の熱ですべてのスペクトルの色を最大限出すことのできる蛍光管の使用であった。

V 展示環境と保存環境

1 環境の制御

暖房と通気も、採光に劣らず軽視できない問題である。博物館は、冬には入館者や警備員のためだけでなく美術品のためにも、暖房を入れる必要がある。ヨーロッパでは、入館者は摂氏一五度で満足するが、アメリカでは二一度にする必要がある。

美術品に害を及ぼすのは、空気の相対湿度、すなわち周辺の空気の飽和率に対する湿気の比率である。エジプトのように乾燥した空気中では、水彩画は四～五〇度の間を上下する気温条件の下でも持ちこたえられる。最適な相対湿度は四五～六五パーセントである。高温で、反対に湿度が下がった場合、湿度の安定性が絶対温度そのものより重要であるため、人工的に湿度を上げる必要がある。湿度が変化すると、画板にひびが入ったり、絵画に亀裂が入ったりする。絵には蠟《ろう》またはワニスを塗り、また、非常にデリケートな美術品は特別に隔離したガラスケースに入れて、湿度の変化に対処する。その場合、乾燥水和物と硫酸亜鉛の混合物を使用して湿度を五五パーセントに保つ。

数千年来壊れやすい美術品を保存してきたエジプトの墳墓内の、空気の物理的状態を測定することができた。墓の内部の温度は摂氏二七度で安定し、湿度は二〇パーセントにまで下がっていたことが確認されている。この素晴らしい環境から取り出すと、きわめてもろい美術品は、たちまち砕けてしまうことになる。

博物館の暖房は、他の近代的な建物で利用されているのと同じ方法、すなわち、温風、温水、電気などで行なうことができる。理想的な暖房は、温度の安定性が確保できるもので、その暖房器具は可能な限り目に触れないものであると同時に、美術品からできるだけ離れていることが望ましい。実際に、一たび設置してしまえば最良の効果が得られ、しかも最も経済的な暖房は、床または壁のなかに埋め込んだ管を通って伝わる輻射熱による暖房である。

暑い国での夏は、通風の確保をしなければならない。外気のホコリ、とくに硫黄質のホコリの八〇パーセントを取り込むことのできるフィルターを通して、通風する必要がある。この装置には必要に応じて、冷却機能と加湿機能を加えれば、空調を行なうことができる。

2 収蔵庫

かつて、博物館には展示室しか存在しなかった。建築家は、他の用途を念頭に置くことはけっしてなかった。あたかも、一たび設置されたコレクションは、コレクションよりは、ほんの少しだけ目を醒ましている守衛の監視の下で眠るのが当然であるかのように、管理人あるいは学芸員の宿直室を設置することすら考えなかった。実際には、こんにち、先史時代コレクションまたは民俗コレクションのような膨大な所蔵品を抱える博物館では、付随する業務のための部屋が展示室の二倍か、場合によっては、それ以上のスペースを占めている。

これら付随する業務は次の二種類である。一つは、市民へのサービス以外の業務で、これについては後ほど取り上げることにする。もう一つは、博物館の職員が携わる内部の業務である。後者には学芸員の事務室、資料保管室、調査研究室、そして写真撮影や修復、額装、装丁、複製、木工細工、電気、守衛の宿直、電話交換、梱包、美術品を入れたケースの搬出および搬入作業など、あらゆる種類の作業室、また車庫、ボイラー室が含まれる。

収蔵庫は充分な研究に値するもので、特別に取り上げる必要がある。収蔵庫は充分すぎるということはけっしてないのだから、広い部屋になるだろう。場合によっては、一般市民に、あるいは少なくとも職員に開かれた部屋にするのもよいだろう。絵画、絨毯、タピスリー、その他のあらゆる平面的な美術品の収蔵庫には、天井に固定したレールの上、またはプラスチック製の穴あきパネルの上を滑ることができる木枠、あるいは金属の格子でできたパネルを装備しなければならない。プラスチック製の穴あきパネルには、あまり平らでない美術品も吊るすことができる。その他の美術品の保管には、チャックで開閉するカーテンまたはシャッターで保護された整理棚がよいだろう。

これらの業務室はすべて一階、または地下に置かれなければならない。また、できる限り博物館の入り口に近いほうが望ましい。原則として、学芸員の事務室は司令室のようにすべての業務室の中央に置くことである。

第五章　博物館資料の研究

I　美術史研究のはじまり

初期の蒐集家たちをコレクションに駆り立てた美術に対する好奇心と趣味は、情熱の対象である美術品についてより深い知識を得たいという欲求へと高まった。蒐集家の探究心は、真の碩学たちの研究を啓発するよい結果をもたらした。こうして生まれた美術史には幾つかの段階がある。第一段階は、旅行家たちがその旅行記に引用した簡単な記述で、パウサニアスがその著書『ギリシア周遊記』で範を示した。もし、この本がなければ、こんにち、私たちはギリシアの崩壊した歴史的建造物についてこれほどの知識を持たなかったであろう。彼ののち、中世には職業として芸術に取り組む人物はほとんどいなかった。当時は、意図的に芸術家の個性は無視されていた。彼らは徒弟制度の下で、芸術の奉公人であり、その他の職人と同一視されていたのである。十四世紀に入り、芸術家の社会的地位が向上し、これまで無名であった芸術家たちが日の目を見るようになった。やがて、芸術家たちに向けられる関心が同時代人の書く伝記という形で具体化したのである。たとえば、ヴァザーリの著書『美術家列伝』をはじめとして、フェリビアン、ピール、ベッローリらが同様の著書を出版した。

しかし、これは逸話にすぎなかった。趣味とは、より高度な知識を求めるものである。価値観と選択の基準を求めるものである。こうして高まった美術熱が、十七世紀になると、一方では、ジャーナリズムとして、他方では美学としての芸術批評が現われる契機となったのであろう。その代表的なものは、前者では「レ・コンフェランス・アカデミック」、後者ではディドロの「レ・サロン」である。

当時は、古代ギリシア・ローマ美術が時流に乗っていた。人間性尊重の時代であった二世紀の間に、ギリシア人とローマ人の優位性という精神が植えつけられ、それとともに古代彫刻が美の絶対的な基準、新しい宗教の理想、審美観となったのである。その精神を広めたのは、はじめて『古代美術史』を著わしたドイツ人ヴィンケルマンであった。彼はその著書のなかで、「水にも劣らぬ純粋さがあるからこそ、美には特別な味わいがあるに違いない」と書いている。あらゆる相対主義を排除したこの理論は、ダヴィッドの描く近代的英雄たちにさえも、ギリシアの彫像の手本を押しつけたほどであった。ランツィの著書『イタリア絵画史』（一七八九年）によって（スタンダールがこの本の内容を借用した）、また、バーゲンとともにラファエロ前派を見出し、チマブーエ、ジョット、ファン・アイクなど画家たちやビザンチン美術を流行させたセルー・ダジャンクールの詩情に富んだ『モニュメントによる美術史』（一八二三年）によって、絵画についてのより正確な知識の概要が明らかになった。

ロマン主義に染まった若い市民たちの絵画に対する貪欲なまでの知識欲を満たすべく、一八三〇年以降、初めて美術雑誌が発刊されるようになった。また、初めて大規模な展覧会が開催されるようになった。たとえば、一八五七年にマンチェスターで開催された大展覧会では、いままで知られていなかったイギリスの個人コレクションの豊かな内容が明らかにされた。

ここまでに記した前置きは、本書のテーマである美術品の知識から離れるものではない。なぜなら、十九世紀に開催された展覧会が美術史や美術館、美術趣味に与えた影響を研究することは興味深いことだからである。このような発表の場を通して、美術品の研究が容易になった結果、美術の知識がより正確になり、この世紀の末には、モレッリ、ヴェントゥーリ、アンドレ・ミシェルらの集大成が生まれるに至ったのである。一八八二年には、フランスの博物館学芸員を目指す学生たちに対して、美術品を前に現場教育を行なう目的でエコール・ド・ルーヴルが創設され、美術史教育が公式に認められるようになった。

Ⅱ 学芸員の義務と責任

学芸員の第一の義務は、管理を任された、または、みずからの手腕で博物館の所蔵品となった貴重な美術品を、一つ一つ特定することである。経験から言って、学芸員に向けられる要望の大部分は、美術品の調査と鑑定に関わることである。これは最も重要な問題で、本書ではすべての美術品を扱うことはできないし、また実際のところ、鑑定技術は、どの美術品に対しても同じ手法が使われるため、ここでは、絵画の科学的分析について述べるにとどめよう。

古い時代の絵画の場合は、鑑定が非常に難しい。というのは、十八世紀末までは、作者の署名があることは非常に稀である上に、作品目録には、姓しか書かれていないかったからである。これは、当然のことであるが、作品そのものよりも作品を提供する人物の知識に依存するアトリビューション〔作者の特定〕である。

したがって、博物館の目録を初めて編集した勇気ある碩学に対しては、大いに寛容でなければならない。なぜなら、芸術家の独創性を明らかにすることが好ましくなかった時代に、絵画制作をしていた画家の個性を正確に見極めることは、こんにちでもなお非常に困難な仕事だからである。古い時代の絵画を前にしたときに判断を見誤る主な原因は、単に文献や署名の欠如から来るのではなく、むしろ、その美術作品について先達が抱いた見解に左右されることが多いのである。先達にとって、芸術とは自然を模倣することであった。芸術家は《神のなせる技》を行なう者であった。複製もほとんどオリジナルと同様に評価され、むしろ二つの概念は曖昧で、中世のように、工房は師匠とその模倣者が肩を並べて働く仕事場であった。この点を考慮すると、古典主義時代の芸術を研究する現代の美術史家が、十九世紀の時代にのみ通用する方法を採用して、美術の歴史を、個別の芸術家たちの伝記を一まとめにした形にしてしまったのは間違いであった。これは、乱暴にも真実に反する暗黙の仮定にすぎないのである。真の古典主義美術の歴史は、師匠と弟子が共同で働く工房のなかで、飽くことなく繰り返された、その当時流行の主題の歴史でなければならない。どんなに重要で、有名な、あるいは成功を収めた美術作品であっても、必ずしもオリジナルがどれであるかを断定することができない。博物館にあるコレクションと同じものであるとわかる相当数のレプリカが存在する。ランクレの『踊るカマルゴ』には、同じポーズ、同じサイズのレプリカがロンドン、レニングラード、ナントの三か所にあり、異なるのは、衣装の色と音楽家の人数だけで、三点ともこの画家の工房に由来するものである。きわめて古い時代の、有名な作品で、のちの時代の賞讃者によって模写された作品の場合は、それらの複製画を排除することは非常に難しい。レオナルド・ダ・ヴィンチについては、過去に模写された『ラ・ジョコンド』〔モナリザ〕が六〇点、『最後の晩餐』の模写が四〇点、『岩窟の聖母』の模写が四三点あることが知られており、さらにパリとロンドンにも、その優劣が論争の的となっている複製がある。ティツィアーノの『ヴィーナス』は一二点、ルーベンスの工房で数百点に及ぶこの巨匠の油彩画の下絵を描いていたファン・アイクの作と推定される『天使のいる聖家族の休息』は一〇点の模写が確認されている。後に、ファン・アイクはチャールズ一世の求めに応じて、その肖像画を三八点ほど描いている。クルーエには三〇人以上の模倣者がいた。こうしたことは、ペルジーノ、ベッリーニ、ラファエロ、クラナッハ、レンブラント、ブリューゲルについても同様である。彼らの工房は、師匠の絵を模写し、師匠が世を去るまで、それを続けていた弟子たちであふれていた。

その上、絵画以外にも、複製がいわば慣例となっている美術分野がある。彫刻の鋳造とテラコッタによる複製によって、《真正作品》でありつづける同一の彫刻の数が増す一方で、芸術家の手によって象《かたど》られたテラコッタ、あるいは芸術家の鑿《のみ》で削られた石像が唯一値打ちのあるものとなっていた。メダルや陶器についても事情は同じである。

しかし画家たちは、きわめて早くから、自分が制作した版画によって自分の作品の複製を手に入れることができるということが、危険であると同時に利益にもなることに気がついていた。芸術の商業化と、著作権という概念のなかに法的機関の介入をもたらしたのは、まさにこの彫版画の技術である。デューラーが財を成したのも版画によってである。彼はたった一枚の原版から五〇〇部の版画を刷ったが、そのことが贋作を容易にしていた。反対に、レンブラントは、贋作を避けるために絶えず版に手を加え、修正とほんのわずかの加刻を行なったため、こんにちでは、収集家の論争の種となっている。

学芸員に課せられる第一の義務は、それは取りも直さず美術史家に課せられる義務でもあるのだが、自分の美術館にある美術品の一つ一つを特定することにある。それゆえ、展覧会や目録は彼らにとってつねに大きな助けになる。知識の進歩が展覧会と深い関係があるということは、必ずしも充分認識されてこなかった。一九五二年に国際博物館会議が「国際的な展覧会は、美術史の発展に貢献する結果が得られるように、できる限り有効な方法で開催されるべきである」という勧告を表明したとき、当の会議が手本として示した方法は、アトランダムに集めた有名作品で構成された、あまりに客寄せ的な展示方法であった。そのために、ほとんど評判にならなかった。さらに、目利きの人びとには何の知識も与えなかったのである。これまでに開催された最も有益な展覧会は、一つのテーマ、一つの工房、一人の巨匠とその弟子、その模倣者または追随者らの作品群をテーマにした展覧会であった。反対に、切り離された一人の芸術家をテーマとして取り上げることは、古い時代のどんな真実にも当てはまらない。このような有益な展覧会の例としては、一九〇二年にブルージュで開催された《初期フランドル派》展、一九〇四年の《初期フランス派》展、一九三四年の《写実主義の画家たち》展、一九三五年にボイマンス美術館で開催された《フェルメール》展、一九三六年の《ルーベンスとその時代》展、一九三〇年にパリで開催された《ドラクロア》展、あるいは一九五一年にミラノで開催された《カラバッジオとカラバジェスキ》展がある。この困難で、追随されることの少ない方式は、その他の巨匠についても実現して欲しいものである。

このように、よい展覧会が少ないのは、主催者だけの責任ではない。ある文学研究者が、四分の三が未刊のままになっているのに文学史を書くと主張したら、何といわれることだろう？

美術界では、それが実情なのである。美術界は、美術界のグーテンベルク、さもなければ、絵画のためにもっと手軽で安価な複製手段を発明してくれる美術界のディドーの出現を待っている。民間や公共コレクションが所蔵する古い時代の絵画の大部分は、撮影され、出版されることを待っている。世界で最も充実した写真資料館はフリック財団の写真資料館で、およそ三〇万枚のプリントを所蔵している。大々的な出版キャンペーンによって、未知の絵画を世間に公表しない限り、美術史は、ヴァザーリ風の美術家列伝や無駄に繰り返される個別研究の類の、幼稚な教養の域を出ないであろう。

こんにちのこのような出版状況の下では、学芸員は、有名な絵画を展示することに甘んじざるをえないし、また必然的に、コレクションや展覧会、博物館に直接的に関連する知識で、それを補足せざるをえない。学芸員は、美術作品の主題、ポーズ、色、フォルムを思い出すことができなければならない。視覚による記憶は美術鑑定人に必要な本質的な資質であり、一度見たことのある絵画を思い出せない人は、この職業をやめたほうがよいだろう。

最もしばしば見られる誤りは、コピーをオリジナルと間違えることである。したがって、コレクションの経緯がいかに重要であるかが理解できる。美術品が真正品であることの最も確かな根拠は、純血であることの証明、すなわち「血統書」なのである。

画家自身が、特定が容易になる根拠を残しているケースも幾つかある。マリヌス・ファン・レイメルスバールは、しばしば師であるマセイスの模写をしたが、自分の版には、ごくわずかの変化を加えることを忘れず、製作日と署名を残した。一方、ブーシェのように几帳面さにかける画家もいた。彼は自分のデッサンを弟子に模写させ、それが自分の趣味にかなったでき栄えだと判断すると、自分で最後の一筆を加え、自分のサインをしたのである。人のよいコローも、彼の場合は善意から、生活に困窮している自分の模倣者を助けるために、しばしば同じようなことをした。

Ⅲ　模写、複製、贋作

いつの時代にも、有名な傑作の所有者のうち何人かが、売却前に、密かにそれらを模写させていたことだろうか？　ルイ十四世でさえ、自分のキャビネットの絵画をミシュランに模写させ、あちこちの邸宅にそれらのレプリカを置いていた。これは肖像画では普通に行なわれたことで、肖像画の作者はモデルの両親や友人たちを喜ばせるために、多くのレプリカを作らなければならなかったのである。ナティエは、ルイ十五世の王妃たちや娘たちの肖像画を何度も描いた。女流画家ヴィジェ＝ルブラン夫人は、ルイ十六世の弟殿下の肖像画を一二点描いた。リゴーはつねに自分の工房に一四人の模写画家を雇い、彼の作によるルイ十四世の肖像画のレプリカを少なくとも三四点作らせた。たとえば、一七一〇年には、リゴーの工房から三七点のオリジナル肖像画が出されたが、同時に、一二五点のレプリカも制作された。彼の工房では、作業が現代の工場のように専門化されていた。ある弟子はスカーフだけを、またある弟子はレース飾りだけを、他の弟子は靴のとどめ金だけを、また別の弟子は衣服をというふうに。

さらに、病気の妻の肖像画を、毎日、彼女が死ぬ日まで描き続けさせ、苦痛のさまを描きとどめさせたディグビー卿のオリジナルのように、多数のレプリカが残された、驚くべきケースもある。

1　製作日の推定

絵画を前にする時、まずその製作日を推測する必要がある。それが一八〇〇年以前の場合は、古い時代の作品と言われる。日付は、カンヴァス枠、カンヴァス、または裏側に残された記載事項やラベルから、比較的容易に確定できる。次に、絵画そのもの、大まかな最初の判断の材料となる技法と色彩を調べる。言うまでもなく、風景、肖像、静物などの主題には特別な注意を払わなければならない。署名はそれほど重要ではない。というのは、偽の署名がされている場合がほとんどで、一八〇〇年以前の真正の署名はきわめて少ないからである。しかし、画家のモノグラム[1]と画家のシンボルを知っていなければならない。たとえば、クラナッハはドラゴン、ヴィンクブームはアトリ（鳥）といった具合である。

作品の描かれた時代についての最初の考えができ上がると、その絵画様式から、最初に思いつく画家の名前を選ぶことができ、そののち、彼を取り巻く弟子や模倣者などを頭のなかでまとめる必要がある。

しかし、残念なことに、画家たちの審美的系列を示すような画集がないために、美術専門家が、各自で、その表を作成しなければならない。このような比較材料に基づいて、最も可能性の高い名前を選んだあとは、ヴァン・ダンチヒ氏が奨《すす》める分析《テスト》方式が役に立つ。これは、かつてモレッリの富豪が行なったことと同じで、微細な特徴を見分ける方法に基づくものであるが、さらに拡大され、改善されたシステムである。典型的な細部のなかから、構図、色彩、筆のタッチ、遠近法、美術解剖学、さらにはプリマッチオの面長な顔、ブーシェのぽっちゃりした体つきといった特徴のある癖、あるいは鑑定人のすぐれた観察眼のみがとらえられる画家独自の描線などを調べなければならない。

以上の作業は、想定した画家のオリジナル作品についても行ない、両者の結果を比較検討しなければならない。《直観による》鑑定も、それが厳密に行なわれたものであれば、本書が推薦する鑑定法とほとんど違わない。

（1）作者の名前の頭文字などを組み合わせ一字として図案化したもの。落款、花押。

2　贋作の法律用語

一九五四年にパリ控訴院で争われた贋作事件の判決で、美術品の特定に使用する用語が、法律上、決定された。ある絵画について、これは某巨匠によって「描かれた」ということは、そのアトリビューション〔作品の特定〕の正当性が、血統書によって、あるいは同時代の文献によって、また、科学的分析によって、あるいは複数の有能な鑑定人の大多数が示す見解によって、ほぼ完璧であると判断された場合に、合法であるとされる。そうでない場合は、「誰々の作と推定される」という婉曲な表現を使用しなければならない。その絵画が、画家本人の作品であるが、他により完璧なものがあるとき、それは「レプリカ」とされる。その絵画が画家本人によって描かれたものでないが、その画家の審美観に従ってその監視の下で描かれたものである場合、それは「誰々の工房の作」と形容される。名の知れた巨匠の画法に従って描かれ、その時代によく見られる画法である場合、その絵画は「何々派の作」と言われる。そして名の知れた芸術家の技を想起させる絵画であるが、描かれた年代がわからない場合、これはとくに近代絵画に多く見られるのだが、「誰々の画法による」と形容しなければならない。この形容の仕方は、「絶対的な真正作品」から「公知の贋作」にいたるまで多くの表現が網羅されている。これらは、目録の作成者が必ず使用しなければならない付加形容詞で、博物館のカルテル〔絵画に付ける表示板〕にも使用が義務づけられている。

十九世紀以降、ロマン主義の個人尊重の風潮が広まるにつれて、芸術所有権に対する新しい見解が必要になった。一八〇〇年以前は、実際に署名がある絵画を、何の心配もなく、オリジナルか複製か断言するのを躊躇することができたが、それ以降は、オリジナルでないものはすべて「贋作」と評される。真正という概念は、唯一であるという考え方に全面的に支配されていた。もはや、複製は認められず、スイスの画家ホドラーが、彼自身で数回、有名な《木こり》のテーマを取り上げたことで贋作者呼ばわりされることすらありえたのである。そこには、幾分行きすぎがあったにせよ、まったく新しい考え方を啓示するものであった。つまり、模倣はもはや芸術ではなく、贋作の領域に入っている。模倣は、その手本に近づくことはあっても、幸いにも、けっしてそれに到達しえない。しかし、模倣には過度な復元、ごまかし、まるごとのコピー、機械による複写、明らかな贋造などのさまざまな形がある。その各々は、厳密に境界線をひくことができない状態にある。

3 捏造

しかし、複製であると認められた美術品が、公共のコレクションで居場所を得ている例もある。ガン〔ベルギー〕の聖バーフ大聖堂にはファン・アイクの『聖なるの子羊の礼拝』の三連祭壇画の中央にある『公平な審判者』の絵は、盗まれたために複製パネルに置き代えることを余儀なくされた。他の理由により、作品の一部が欠けている場合は、純粋主義の狂信者らがどのように思おうとも、欠損した作品を展示するよりは複製を展示するほうが望ましい。ナント美術館が所蔵するベルゴニョーネ作の『聖ブノワ修道院』のプレデッラ〔祭壇画などの下部を帯状に飾る小さな絵〕は、ミラノのスフォルツェスコ城に現存する欠損パネルから復元された複製によって補完されたものである。

サント＝ブーヴが述べたように、「贋作」という言葉は最近使われるようになった美術用語であると同時に、芸術と同じくらい古くから存在する言葉でもある。ローマでは、ギリシア人の奴隷彫刻家たちが、主人のために、有名な彫像の複製を行なっていた。中世では、レプリカの商取引によって贋作者の技が磨かれていった。

十六世以降は、この種の取引は盛んに行なわれた。一六七一年にアムステルダムで行なわれた裁判で、贋作の出所の一つが明るみに出た。レンブラントの弟子であり、妻サスキアの従兄弟であるゲリ・ウィレンブルグが自分の工房で、あらゆる偉大なイタリア人画家の贋作を作らせていたのである。彼はこれら巨匠の贋作画一三点を、ブランデンブルグ選定候に三万フローリンで売却していたが、その事実を知らされた選帝侯が訴訟を起こした。裁判では、アムステルダムの五一人の画家による鑑定では、三一人がウィレンブルグを支持したのである。この訴訟もレンブラントの破産を食い止めることはできず、レンブラントはロンドンに赴き、その地で生涯を閉じた。デューラーの友人の孫娘インホッフは、巨匠デューラーの全作品を模写する工房を取り仕切っていた。そのデッサンと版画については、膨大な枚数のコピーがあるに違いないだろう。マルク＝アントニオ・ライモンディは、こうした贋作者の一人で、最も多く利用した署名の一つがデューラーだったが、元来は、署名をすることは、正に画家自身を模倣者から守るためであった。

十八世紀にはヴァトーが、十九世紀にはコローが最も多く模倣された画家の一人であった。コローは、独学で習得したその画法が模倣しやすいものであっただけに、期せずして、《日曜画家》という素人芸術の糸口を作ることになった。ニューヨークの税関では、創設以来、一万点のコローの油彩画が通関拒否をされ、一方でロボー作の目録には約二五〇〇点のコローの作品が載っているだけである。ブーダンの作とされる多くの作品は、しかも最もよい作品のなかの多くは、ギロワの作である。ミレーはその孫娘によって多くの複製画が作られ、やがて彼女は、複製画に、祖父の工房の販売印を押すようになった。

贋作は絵画に限られると考えるべきではないだろう。十九世紀には、つねに、複製が可能なあらゆるジャンルの芸術分野で、複製に関わるスキャンダラスな訴訟が後を絶たなかった。一八一五年には金銀細工師のベッケルが、ギリシア風、ローマ風、カロリング王朝風、一見ゴシック風の数百点に上るメダルを製造したとして断罪された。一八六九年にはヴラン＝ルカが、信じやすいミシェル・シャールに、有名人の自筆サインと称するものを三万点も売りつけた咎《とが》で罰せられた。

一八七〇年には、有名な書誌学者で、死後その蔵書が大英博物館に寄贈されたトーマス・ワイズが、ヴィクトリア王朝時代の詩人の偽の初版本四〇編を《捏造》した。一八九六年には、無名のルホモフスキーという男が、金のティアラを製造し、スキタイ王サイタファルネスの王冠だと偽ってルーヴル美術館に売りつけた。また一九二四年には、農民フラダンが、グロゼル(1)で先史時代の遺物の破片三万片を《捏造》した。一九五一年には、画家マルスカがリューベックにある聖マリア教会のすでに消えてしまったフレスコ画を新たに《復元》し、これは正式に切手に再現されて、とても貴重なものとなった。このように、ごく手短にざっとあげた例だけでも、善意、悪意にかかわらず、美術商や、あまりに素晴らしい《掘り出し物》に対する警戒を学芸員に促すに充分であるに違いない。

すでに五十年も前のことになるが、版画美術館の学芸員アンリ・ブショーは、偽美術商にとって最も高い値がつく二人、レンブラントとラファエロが入っていると断言して、ある所有者が持ち込んだ包みを開けるのをいっさい断ったことがある。

（1）アリエ県、フェリエール・シュール・シションの集落。

Ⅳ　科学的分析と鑑定

私たちは、攻撃用武器の威力が増すにつれて、防衛用武器も進歩していくことを知っている。贋作者たちの意に反して、美術品の科学的分析技術が進歩したのも、ほかならぬ贋作者自身が招いたことなのである。とくに、一九三七年から一九四三年にかけてフェルメールの絵画六点とペーター・ド・ホフの絵画二点をボイマンス美術館に売っていたメヘーレンの驚くべき贋作発覚事件を機に、科学的分析技術が見直された。メヘーレンは、思いがけない偶然の出来事がきっかけで発覚するまで十年間、贋作を描きつづけていた。しかし、贋作の手法を見抜くことができない例もある。収集切手販売業者組合は、贋作者、スペラティに数百万フランを払い、珍しい切手の製造を止めさせた。それほどまでに、真贋を見分けることが不可能だったのである。

現在では、私たちにとって複製に反対する姿勢がきわめて肝要になってきたために、正しい審美観が重要なものとなってきた。こんにち私たちは、芸術はもはや自然を模倣するべきでないと考えている。こうした態度が極端になった結果、なぜ、非具象に到達したのか理解できるし、この観点から、非具象が単純な美的《流行》より遥かに啓示的で、真摯なものであることがわかる。これは、絶対的なオリジナリティーを求める声に対する芸術家の確実な応答である。このジャンルは、いかなる《対象》も表現しないため、当然のことながら、《模倣ができない》創作である。

長い間、鑑定人はルーペ以外の鑑定用の道具を持っていなかった。ルーペの倍率は次第に拡大され、こんにちでは、三〇倍のものが見られるまでになった。そののち、ドイツの物理学者コーゲル（一八八八年）や、一九二四年に司法鑑識研究所を設立したフランスのベールによって、私はその年に司法鑑識研究所で彼にインタヴューする機会があったのだが、より正確な鑑定方法が考案された。どんな道具も、分析結果を最終的に判断する人間の目と頭脳の代役、あるいはそれらを助ける役割を果たすにすぎないと断言する必要があるだろうか？

物理的分析は、医学的診断のようには、自動的に分析結果が出せるものでなく、分析は、その判断と引き離せるものではない。その分析手段を使う人間によってのみ、また、鑑定人が最終的に下すべき総合判断の一要素としてのみ価値があるものである。

こんにちでは、先史時代の遺物に対して、グロゼルやピットダウンの例のような詐欺行為が成功することは不可能だろう。カルノーの数々の研究によって、鑑定される遺物片の製造年代を決定する化石化の度合いを示す特徴的な要素は、年月とともに増大するフッ素の含有量であることが証明された。

もう一つの要素は埋蔵骨のタンパク質中に含まれる窒素の含有量で、その変化の状態は逆で、年月が経つにつれて徐々に消滅する。先史時代の骸骨の年代を推定するためは、ガイガー計数管の使用が強力な助けとなる。この計数器は、生物に含まれ、その死後きわめてゆっくりと消散する通常炭素の同位元素である炭素14の比率を確定することができる。

絵画の鑑定にはもっと複雑な問題があるが、照明の利用が次第に浸透したことで、その解決が容易になってきている。最初に、側光、すなわち絵の画面と平行の光を当て、絵の表面を調べると、絵の具の付着の悪さによる盛り上がり、古い支持材の痕跡、あるいは古いカンヴァスの裏打ちによるグラシ〔地の絵の具の上に塗る透明絵の具〕の崩れなどが明らかになり、絵の具層の凹凸やその保存状態が際立って見える。また、絵の層が切れ目なく層をなしていたり、また、使用された技法によっては並置されていたりするさまに気がつく。テンペラ絵の具(1)を使用して描かれた、表面が完全になめらかなプリミティヴ絵画では、側光が当たっても、何の手がかりも提供されない。

(1) 水に溶いた顔料を樹乳、膠、卵白で練った絵の具。

さらに詳しく調べるために、また絵画の価値を調べるためには、色彩を排除し、その作用によって像を非常に正確に写すことのできるナトリウムランプの単色光を使う必要がある。この単色光線を使用すると、比較によって、複製や贋作における色価の低下を見抜くことができる。しかし研究室での真の鑑定は、連続拡大ルーペの使用によって始まる。まず初めに、この同じ単色光線を当てて、比較的小さい倍率（最大で一〇倍）の拡大写真を撮る。鑑定する部分のポジとネガを重ねると、画家の《表現法》、筆づかい、タッチが明らかになり、そのことによって、参考資料との比較が可能となる。オランダでは、このような方法でヴァン・ゴッホの作品の鑑定が行なわれた。

顕微鏡リレーを使用して、倍率を一〇から一〇〇〇倍へと拡大していくと、画家が塗った絵の具の層の厚みの変化を辿ることができ、次に、二万から四万倍の電子顕微鏡を使うと、肉眼では絶対見えないディテールに気づくことができる。こうして、疑う余地のない確実な方法で贋作を暴くことができるのである。

色彩群、すなわち使用された絵の具の化学的性質を調べるには、どの絵の具も多かれ少なかれ持っている偏光特性に従ってそれを分離するニコル・プリズムを使用して、偏光値を求めればよい。各時代、各工房に独特の色彩目録と得られた値を比較し、最初に出した鑑定判断を否定したり、あるいは確認したりする。この顔料の分析には、マイクロプローブ[1]で顔料を抽出したあと、異なるスペクトルを持つ各成分、各分子の分光分析を行なう。物質のスペクトログラムは顕微鏡で読み取り、（たとえば、J・バルトの図のような）美術品のスペクトル図に載っている参照データと比較する。この方法によれば、使用された顔料の性質を厳密に確定することができ、またその結果、作品が作製された年代と、おそらく場所も確定できるだろう。

（1）顕微分光法による試料の微量分析に用いられる装置。

ここまでは、可視光線の使用だけを検討してきた。物理学的分析方法では、紫外線、赤外線、X線といった不可視光線を利用して、彩色された表面をさらに詳しく調べ、最も驚くべき結果を得ることができる。抽出による化学的分析が不可能な場合、《ホールの箱》を使用して《白色光線》で物体を照射すると、二次放射が発生し、この二次放射の周期を観察することによって、鑑定する顔料の性質が確定できる。紫外線に近い区分、いわゆるウッドの蛍光光線またはブラックライトは、強力に照射体の蛍光を刺激するため、簡単な鑑定として、加筆、偽の署名、書き加えられた記載事項などを見抜くことに役立つ。水銀灯の紫外線を当てると、あらゆる修復痕や加筆が明らかになり、また、使用顔料によって蛍光状態が異なるために、ウィルドの表を参照すれば、時代によって変化する顔料から年代を推定することができる。

赤外線は、膠《ニカワ》やグラシの被膜が隆起しているかどうか、とくに絵画の隠れた部分の状態と保存状態の良し悪しを確認するために使用される。また、なかには、元の素描や画家が製作中に行った修正跡、第三者が行なわせた加工などを認めることができる場合もある。一八九六年、ミュンヘンでレントゲン自身によって、最も強力なX線が絵画の鑑識に初めて応用された。それが日常的に行なわれるようになったのは一九一三年以降のことである。X線を最も有効に利用するためには、医者が利用する硬X線ではなく、電圧およそ二〇~五〇キロボルト、強度四~六ミリアンペアの軟X線を使用しなければならない。絵画へのフィルムの装着はできる限り完璧に行ない、光源と線形の選択を的確に操作して、避けられないブレを最小限に抑える必要がある。そうすることによって、絵画の本質的な構造、とりわけ画家のエクリチュール〔表現法〕、《創作態度》、技法を摑《つか》むことができる。しかし、これらの新発見が有効に使われるためには、あらゆる鑑定がそうであるように、信用に値する絶対的な基準として参照できる絵画を所有していることが不可欠である。

要するに、研究所における鑑定の目的は、さまざまな放射線の利用によって、最初の診断を再点検し、支持材、地塗り、絵の具の層という絵画の物理的な三要素に関する的確な知識と照らし合わせることである。これらの結果に判断を下すためには、参照表が必要である。模写画家あるいは贋作画家は絵画の表面にしか手をつけることはできないため、隠れた部分の鑑定によって贋作を見抜くことができるのである。

V 収蔵品目録の記述

美術作品の研究は最終的に財産目録や収蔵品目録への記述に到達する。概して、いずれの場合も記述すべき事項は共通している。それぞれの美術品に対して、各作品の名称、そして絵画の場合は、そのタイトルを付与しなければならない。これは一般的な慣例に従う。この点に関しては、過去のコレクションやサロンのカタログを参考にするのがよいだろう。肖像画、風景画、静物画の場合は、それがいかなる人物の肖像画であるか、どこの風景であるか、何の静物画であるかを明示するのが実用的である。美術品の特定に役立つ記述は、何であれ、好意をもって受け入れるべきである。解説のない《静物画》という言葉の羅列ほど無益なものはない。

次に、作品に番号を割り当てなければならない。そして、この番号は一つの作品にのみ適用するよう留意しなければならない。これは重要なことではないように思われる。しかし、ある美術館において、美術品の種類ごとにその所蔵数がまちまちで、それぞれの整理番号が一万を超えている場合、しかも、十数冊の過去のカタログがあり、その記数法が毎回異なっていると、問題はとても複雑になる。実際には、同じ種類の美術品だけを集めた小さな美術館の場合は、たとえば、一から一万までの連続した記数法を用いて、それを維持するのがよいだろう。その他の場合はすべて、国際博物館会議が推奨する記数法を採用し、美術作品の収蔵年、それが属するコレクション名、そのコレクションのなかでの位置がわかるように考慮された記数法を用いるのが望ましい。たとえば、08-9-14という番号は、一九〇八年に収蔵され、九番目のコレクションに属する作品で、その中の一四番目の作品であることを示している。

収蔵品目録の記述については、一八項目からなるイタリア式の台帳(1)を利用するのが実用的である。これは考古学コレクションと民俗コレクションのために作られたものであるが、その他すべてのコレクションにも、不必要な項目は空白にして、使用することを奨めたい。

(1) イタリア式台帳の収蔵品目録の記述項目については、付録2(本書一五二頁)を参照のこと。

目録は搬入台帳としても使用することができるが、展覧会開催のために出入りした美術品の動きや、あるいは一時的な貸出しは、専用の台帳に記述するほうがより実質的である。さらに、台帳は参照カードや分類カードで補完しなければならない。第一に必要なものは作者別のカードである。その他に、マチエール別や表現される主題別のカード、また、一般に、とても役に立つであろう年代順のリスト、さらには、きわめて有益な過去の全カタログとの対照表なども必要である。

カードの様式については、国際的に合意された取り決めは何もないが、カードのマイクロフィルムの交換が望ましい。望ましい記述事項の一覧は巻末に示すが、すべてのファイルに可能な限りの情報を記入し、とくに小さな写真は必ず添えるべきである。カードは収集することのできた比較参考資料もすべて含め、当該美術品の関連資料と重複して用いないことである。

これらの情報はすべて、出版にいたるまでに収集された情報の集大成となるような考証用カタログとしてまとめられるべきである。あまり急いで出版しないことが望ましいが、私の考えでは、あまりに細密な内容は却って不便さを増し、やりすぎと思われて、かえって出版の妨げになる。最近は、世界中のほとんどの美術館で図版入りの完全なカタログが見られないが、このことは、解決が困難なアトリビューションの問題や、もっと一般的には、ある時代に扱われたテーマに関する研究をする上で、きわめて大きな障害となっている。この図像の考証という問題に関しては、展覧会が、肥大化し、役に立たない個別研究でなくなれば解決されるだろう。そうなって初めて、科学的根拠に基づいた美術史を語ることができるのである。

第六章　博物館資料の保存

I　資料の修復とクリーニング

ひとたび、資料が特定化され登録されたあとは、資料の状態を次に調べなければならない。修復が必要であるか、あるいは少なくともクリーニングする必要があるかどうかを決定する。鑑定の観点からすでに検査が行なわれていれば、資料の状態がどのような状態にあるか、充分判断できるであろう。処置をするかどうか、する場合はどのような処置をするべきか知ることが重要である。学芸員にとって理想的なのは、資料を初期の状態で紹介することにある。しかし、大半の場合、それはほとんど不可能である。したがって、クリーニングや修復計画案を作成しておく必要がある。資料が大気要因や資料特性に依存する原因によって悪化しないように、資料を保護する方法を次に探し求めることになる。

たとえば、象牙はひびが入りやすく、黄ばみやすい。木材は乾燥し、裂ける。金属は酸化し、繊維は虫に食われやすい。自然史標本の場合は、剝製《はくせい》にしてカビによる腐敗や虫害から保護しなければならない。木製の美術品の場合、菌類および噛む性質のある昆虫や小動物の損害から保護する必要がある。絵画の場合、問題はさらに複雑であり、少し詳しく説明しておきたい。

絵画作品の最初の処置は、クリーニングである。つまり、ワニスを落とすことを意味する。これは修復とかかわる論争の的となった問題である。

ワニス除去の危険は、絵画の状態と作業をする人の技能によって大きく変化する。また粘結剤の溶剤によって塗装層の溶解によりその層のなかに被害を引き起こしやすい成分の利用にも依存している。着色顔料に媒体として役立った粘結剤が、数年で固まる昔の乾燥用オイルであれば、どの溶剤もそのオイルに影響を及ぼさないが、ただそのオイルに樹脂のワニスがたとえ非常に少量でも付加されていれば駄目である。この最後の点について認識しておらず、絵画の現在のあらゆる物質条件に完全には自信がないならば、洗浄のさいに、昔のワニスの薄い層をそのまま残すほうがよいであろう。その理由は、その層が少しでも平坦でなければ、それは全面的なワニスの除去によって必ず傷つけられるからである。

ここで若干説明が必要であろう。昔の絵画はすべてさまざまな密度の色層から成り、それを絵の具の透明な層あるいは色つきワニスでできた薄塗りが覆っている。これが絵画作品に仕上げとなって重要な輝きをもたらし、巨匠の効果となっている。透明絵の具を除くと、必ず、その絵の価値自体となっている艶《つや》と新鮮さが壊される。

ヴェネツィア人によって練り上げられ、フラマン人によって他の派に伝えられた十八世紀絵画にいたるまで、この透明絵の具による絵画法は、まず精密な色価、すなわち、単色画法または基本色による最初の層、次に透明絵の具の多かれ少なかれ透明な層の中間層から成っている。ルーベンスのような巨匠はワニスの上に描いていることさえあるが、こうなると洗浄が不可能になり、さらに洗浄が複雑になる。

この事実は、巨匠のアトリエでなされ彼がそれに手を入れた模写と、彼の死後なされた模写とを区別するものでもある。そのなめらかな塗装が時間と修復家に耐える硬いエナメルとなっている原画のみが、変更されていない昔の状態を私たちに示しうる。一般的に、昔の修復は絵画の貴重な部分と最終的な調和を奪い、その結果、芸術的かつ商品的価値を落とし、レプリカあるいは複製品と同列に置いてしまう。したがって、ワニス除去が専門的才能と熟達した手腕を要し、重要で微妙な作業であることがわかるだろう。専門的な知識を持つ修復家に絵画を扱わせ、彼の仕事を監視することは不可欠である。こんにち、きわめて幅が広い約六〇ほどの溶剤によって、作業が大変やりやすくなっており、危険な線をけっして越えることはない。

ワニス除去ののち、最初の処置は過去の修復による付加物を、実験室の検査や昔の文書資料によって、知りうるかぎり取り除くことである。かつての修復家によってもたらされた変更は、ギルエルム氏の仕事が示すように、時には、かなりのものである。テニエのものとされている、喫煙室の絵については、真正の署名ドゥルーシュルートゥと日付1636を隠している軽い一筆を除くことができた。この場合、除去はごく緩慢な、非常に微細な搔き削りによって可能となり、下地を削り落とす危険はなかった。

いわゆる修復、つまり破損した昔の絵画への新たな手入れはすべて、昔の絵画のなかに入り込まないで、水で除去できるというメリットがある、テンペラ技法画で行なわれなければならない。昔の修復は一般にオイルで行なわれ、それはレオナルド・ダ・ヴィンチの『最後の晩餐』のような、かつてのテンペラ画の場合でも同様で、修復される前にオイルで昔の手直しを完全に取り除かねばならなかった。修復はすべて、残存する部分に絶対はみ出さないように、欠けている部分のみに限定された点描でなされねばならない。ある絵画作品の昔の状態を、地面の敷石、壁の装飾的背景、衣服の絵柄、建物の曲線や垂線のように反復的な幾何学的装飾の部分について修復することは比較的簡単である。その形や色を見抜くことができない顔、裸体、風景の欠如部分については、事情は異なる。この場合、その絵画全体と調和した中性的な単一色で空白を埋めるほうがよい。

これ以上はない、と言えるほど運良く成功して仕事を成し遂げるためには、修復家は画家であらねばならない。しかし、まともな《修復》と《再構成》と名づけるべきであるような過剰な修復とを区別する分かれ目を判定するのは難しい。愛好家や販売業者のために働いているある種の修復家は、顧客の要求に合うきわめて自然な処置によってその偽りの分かれ目に到達することがある。そうした精神状態はロマン主義者のものであった。

ヴィオレ・ル・デュックは、「建築物を修復するとは、それを保存することではない。けっして存在しなかったかもしれないような完璧な状態でそれを復元することである」と明言したではないか?

これはカルカソンヌとピエールフォンでル・デュックが行なったことであるが、そのやり方はあの石の堆積からあらゆる詩情と降霊の力をすべて奪うものであった。記念建造物と同様に、絵画作品にとっても、真の修復とは微妙な均衡のうちにあるのである。

真の修復は好みの問題である。それは塗装層だけでなく、その支持材にもかかわっている。とくに、支持材が木材の場合はそうである。栗材、ニレ、トネリコ、コナラなど、木材の性質とその保存状態、可塑性、密度、吸湿能力、つまり収縮力、あるいは膨張力を変動させるものすべてに応じて、問題は変化する。木材は相対湿度がその飽和点以下、つまり湿度三〇パーセント以下から二五パーセントに下がるときに収縮しはじめるが、湿度は毛髪湿度計で簡単に確認できる。さまざまな原因の影響によって、木材は変形し、とくに反《そ》りが起こり、これは適当な処理によって予防しなければならない。過度の湿気や乾燥に対して、最良の予防策は依然として密封箱での隔離や空気調節装置の使用である。それほど有効性はないが、効き目がある予防方法は絵画の裏側を塗装するか、あるいは樹脂や断熱化学物質を塗ることである。現在まで絵画の木材への対抗措置として用いられた方法は桟張りであったが、これには反対意見が多く、とくに恒常的な反りに関しては異論がある。機械的な措置は、スポンジゴムつきの鋼鉄バネを備えたカンヴァス枠によって可能である。こうした処置がどれも有効でない場合は、きわめて微妙な「移転」という思い切った方法を取らねばならない。

Ⅱ　博物館の安全管理

美術品の敵は単に内的原因だけでなく、昆虫や、あるいはもっと一般的に火災や盗難という外的原因もある。昆虫に対しては、現在、ここで列挙する必要はないが、幾つかの専門の会社で製造されている多くの防虫剤が存在する。火事はもっと大きな危険である。火災に対しては確実に回避することはきわめて難しい。多様で複雑な方法が実施されねばならない。

まず消極的な予防方法である。あまり頻繁にあることではないが、博物館は図書館、資料館、あるいは可燃性資料の何らかの保管場所という他の施設とともに存在することを避けるべきである。同様の意図から、地下室、地階、屋根裏部屋、屋根裏には、火事を大きくし通行の邪魔になる余計な混雑物を入れるべきではない。同様に、火事の直接的原因を遠ざけ、喫煙、工房での手入れ用揮発性物質の使用を禁止し、電気設備が金属管できちんと溶接されているか注意しなければならない。

映像ホールがあるならば、収容人数が現行規則に適合しているか注意しなければならない。また映写室や非常口の設置条件についても同様である。たまたま博物館で働いている作業員には絶えず注意すべきである。とくにトーチランプを使っている配管工についてはそうである。

最後に、一般的保護の直接的方法に関しては、博物館では大型船で使用されているあらゆるシステム、たとえば、さまざまな部署間の防火ドア、温度が危険範囲に達したときのドアの自動的閉鎖、炭酸無水消火器などを使用しなければならない。警備員や消防士のパトロール、最も有益な指示、警備室への直通電話も忘れてはならない。

これらはすべて警備員の監視と当然つながり、警備員は盗難の可能性にも厳しく対処しなければならない。盗難の危険に対しては、最良の防御は「宣伝」である。つまり、芸術作品が盗まれるのはただ売却されるためなので、作品は画商か愛好家にしか売られないからである。美術品の写真を、国際刑事警察機構によって統制されすべての予定購読者に配布される定期刊行物に発表すれば、泥棒にとっては、実際、盗難品を片づけることが不可能に等しいのである。

一般的に、盗難は初心者の仕業である。こんにちでは、プロは隠匿者となる中間リスクがない金や札にしか手をつけない。金の美術品は他のものよりずっと大きな危険をはらんでいる。美術品を固定あるいは展示場所から取り外すのを防ぐために、かつては電気回線に守られたとどめ具が推奨された。しかし、電線は調子が狂い、意図的に切断される可能性もある。現在では、間仕切りのなかに設置され、非常に分厚いガラス板以外に部屋に向いた開口部がないガラスケースが用いられている。ある種の宝物は、一つの仕切りがガラスの立方体の金庫に入れられ、夜には地下深くの部屋に金庫が自動的に降りるものもある。

いずれにしても、博物館から不正に持ち出すことを不可能にするために、博物館は外部に対して二つのドア、ひとつは入場、もうひとつは退場の二つしか設置するべきではない。見学者は入り口の携帯品預かり所にすべての手荷物、書類カバン、資料入れなどを預けなければならない。人の高さの窓には効果的な格子が設置されねばならない。小さな絵画は永続的にビロードで覆われた木製パネルにまとめて固定しておく必要がある。

こうしたことのすべては、警備員の監視の代わりにはならないが、警備員は最寄りの警察署との専用線を利用できねばならない。

博物館での警備員の役目はとても重要である。人数はもちろん、監視すべき部屋の数、その規模、とくに部屋の配置、監視の難易度に依存している。《死角のある区域》が多くなればなるほど、警備員も多く必要になる。昔の建物はその意味で、非常に費用がかかる。貴重品、珍品を展示している建物も同様である。警備員は制服を着て自ずから観衆に対して身だしなみをきっちりしなければならない。自分が監視する美術品についても簡単な知識を持ち、困っている見学者に対して一般的な情報を与えることができなければならない。

大規模な博物館には、一般に二つのチームに分けられた夜間警備員がおり、彼らは八時間通して警備し、そのパトロールは時計の記録によって確認される。

警備のための特別な人員が割けない場合、警備員は通常、博物館の維持管理も行なうものである。学芸員は警備員以外にも、その権限下に多かれ少なかれ多くのスタッフをかかえている。少なくとも一人のアシスタントがいて、そのアシスタントは、古文書管理、司書、資料庫係を兼任でき、また、警備員リーダー、建物管理人も担当できることが望ましい。

こうなると、私たちは博物館と予算の管理運営について述べなければならない。博物館施設は、学芸員の報いのない必要な仕事のひとつであり、施設の存在自体が依存しているとても重要な作業である。予算はそれが所属している公共機関、国、県、市町村、あるいは会社に提案される。

Ⅲ　運営予算

予算は主な二つの出費をまかなうために充当される。ひとつは施設の通常の運営費、とくにその予算の約七〇パーセントに達する人件費であり、もうひとつは資料の取得費である。その他に、例外的な支出があり、それは設備の変更または近代化、高額な備品の購入、また規格外の美術品の購入など、特別予算の計上が必要なものである。

通常の支出は、とくに職員の給料、手当て、運営、暖房、照明費に関するものである。予算総額は施設の規模によって異なる。しかし、学芸員の給料は、施設の存在する市町村の主任司書と同額であると認められている。運営費は、地方、市町村によって、非常にさまざまである。多くの人には最大と思われるだろうが、ある指標で考えをまとめてもみると、最近の「フォッグ美術館」の計算では、美術館の一五〇の展示されている絵画作品各々に対して年間一六〇ドルの予算がかかっているという。

最も興味深い地位の一つは、新しい作品の取得に関するものである。これは、贈与、遺贈、委託、交換によって、高額ないしは無償で取得される。取得が高額で購入される場合は、学芸員が率先して交渉に当たることになる。一般的に、美術品は少なくとも当該博物館の美術品の平均的価値に一致するか、不備を埋めるものであるか、あるいは芸術家、主題、起源によって、地域の歴史に関係しているものでなければならない。現在では、各々の博物館がある面で一種の独占権を利用できるようにコレクションが専門化する傾向にある。

こうすれば明らかに、ある種の顧客が必ず保証されるものである。現代芸術家に対しては、地方あるいは全国規模で、博物館は「友の会」に援助されるほうがよいであろう。友の会は経済的に独立し、公的機関によって財政が援助され、その会員の会費と贈与によって予算が立てられ、将来的に大いに約束されていると思われる。しかも、ある期間ののちには公共コレクションを充実するであろう芸術作品を購入することができる。この予想がはずれた場合には、友の会の私的所有物である作品は簡単に売却されることになる。つねに望ましい贈与や遺贈は、時折、保存関係者の反対を引き起こすこともある。とくにそれが展示義務あるいは分類の義務がある場合にはそうである。こんにちでは一般的に、学芸員の選択の自由を制限する条件はもはや受け容れられない。

コレクションの充実化には三つの方法がある。つまり、委託、交換、新会員の拡張である。しかし、これらはほとんど実行されておらず、一般化すれば利益になると思われる。一般的に、首都の大きな博物館は平凡な遺贈品、二流の贈与品が野心的な人びとから気前よく贈られるため一杯となっており、彼らは小さな博物館より大きいほうが自分の行為の宣伝効果が大きい考えている。しかし、これはしばしば反対の結果となる。ルーヴルへの贈与は格調高いコレクションの山のなかに埋もれる運命にあるが、他方、田舎の博物館への贈与や遺贈は寄贈者に名声を保証し、観光によってますます名声が確固たるものになる。ディジョンではマニャン美術館、ルーアンではル・セク・デ・ツールネル博物館、リモージュではデュブーシェ美術館が有名である。他方、ルーヴル美術館の見学者は絵画の山のなかでヴィオー氏やショーシャール氏の遺贈品を識別できないだけでなく、その名前すら知らない。

もともと国の保管所はフランスのナポレオン的な過度の中央集中化を見せ、初め不都合なものを一時保管するためのものであった。その保管にブレーキをかけたあとに、ルーヴルはおそらく、地方の博物館の専門化によって余儀なくされ、その富の合理的な配分にもどることになった。倣うべき模範は、より柔軟で幸運な作品と予算の配分ができる地方視察というイタリアの制度である。とくに、複製品を持たない美術館は大いに参考になる。というのは、考古学、民俗学、陶磁器、古銭学、版画、家具の博物館の場合、地方視察によって可能な交換がとても容易になるからである。寄託は、アメリカでよく見られるように、個人によることもあり、その場合、その一時的な寄託が永続的なものになるだろうという期待もされている。

結局、博物館の間での最も微妙な作業は「交換」であり、これは専門化政策の論理的帰結でなければならない。これを試みたことがある学芸員たちは、成功するために必要な忍耐と駆け引きを知っている。さらに、交換は同一国という制限内で行なわれるものである。異なった二つの国の間では、障害がほとんど乗り越えがたく、四つのコレクションと四つの国に分断された、エクス゠アン゠プロヴァンスの

『受胎告知』三部作の芸術スキャンダルはすぐには忘れられないだろう。

第七章　資料の前の一般大衆

I　博物館の教育機能

博物館は、専門家、学生、大衆の三種類の観客に語りかける。この章では、博物館がこの三種の観客に対して、どのような役割を果しているかを見てみよう。

学者、つまり高等教育についていえば、博物館の代わりに大学学部での講義に平行して、美術史と博物館学の知識を基礎にした教育と、美術品の取り扱いに関する教育が発達した。フランスでの専門教育は、一八八二年にエコール・ド・ルーヴルが創設され、博物館学の最初の講義は、一九二七年に私の恩師ガストン・ブリエール氏によってエコール・ド・ルーヴルで始められた。一九四一年以来、エコール・ド・ルーヴルは、ルーヴル美術館に対して、エコール・デ・シャルトゥ〔古文書学校〕の図書館と古文書館と同じ役割を果たしている。

アメリカでは、博物館学の講義は「ブルックリン博物館」とハーバードの「フォッグ博物館」で行なわれている。美術史はトレド博物館とクリーブランド博物館で教えられている。

博物館のなかには研究センターとして活動している機関もあり、付属のギャラリーは独立しているところもある。ブリュッセルには、サンカントネール博物館に幾つかの研究所がある。一九二〇年に創設されたファエンツァ〔イタリア北部、ボローニャ南東の都市〕の陶芸博物館には研究所があり、会報を発行している。博物館はすべて、学識者の仕事を助け、学生を手伝う地方研究と教育の中心であるべきである。研究成果は、一般に定期的会報や批評目録の形で出版されている。これらの成果が効果的であるためには、豊富なイラストが必要である。最も必要不可欠な出版物は、話題の博物館の豪華さを、すべて再現するアルバムか写真選集だろう。

中等教育に関しては、要求はまったく別である。教えることを知っている教師であっても、美術史を学習しなかったか、中等級のカリキュラムになかったのか、非常に浅薄というわけではないが、博物館のこともよく知らず、美術史は全然理解していない。やるべき仕事を知っている学芸員であっても、若者たちとはまったく馴染みがなく、一般に教育学の才能はない。そこで、アメリカの博物館のところで理解したように、教育的な機関が必要となる。この点については、中等教育の補助として自然史博物館と科学博物館が他の博物館よりもより有効である。美術史については、事態はより難しい。なぜなら、リセ〔高等学校〕には美術史の授業がなく、博物館の見学もおそらく補足的だからである。

ストックホルム博物館が《芸術作品を眺める方法》のために、特別講座を企画した理由はここにある。パリでは教育部が創設され、中等教育の教師たちの研修と入れ替った。しかし、実際努力が必要なのは、とくに初等クラスと初等教育である。研修は有益な結果をもたらしていて、今後ももたらすことと思われる。基礎から始めなければ、何事も続かないのである。

世紀を経た精神状態の刷新を呼びかけるのは、若者たちに対してである。なぜなら、ロダンが述べたように、若者たちは《美の真の司祭》だからである。若者たちは大人より敏感であり、時間のある彼らは、決定的に芸術にのめり込む。最初の問題に取り組んだのは、「子ども博物館」を初めて創設したアングロサクソンの国である。ハシルメア博物館（シュレー）はジョナサン・ハッチンソンによって一八八五年に開館された。子ども専用の博物館であるにせよ、成人用博物館の特別部門ないしは児童向けの学校部にせよ、幾つかの可能な問題解決法がある。

普通の博物館では、若い訪問者を満足させることはできない。なぜなら、学芸員たちは子どもと彼らの欲求を理解するようには養成されていないからである。美術品の学術的分類は、若者には理解できず、彼らは、自分たちが装飾的な額縁については何も知らないことをぼんやりと感じている。この厳粛な大建造物のなかにあるすべてのものは、大人にふさわしいものであり、子どもたちの率直さを麻痺させる瞑想の静けさが必要である。

子どもたちの理解を助けるためには、展示品に触れることができなければならない。子どもは手によって理解する。赤ん坊がその口でするように、手で理解するのである。触感は最も重要な感覚であり、その他の感覚は特殊化されているだけにすぎない。

生徒の自発性を重んじる教育方法論が、教室で徐々に教科書の限定された読み取りに代わっている。

このため、アメリカでは、通常の開館時間外に「博物館の時間」を設けている。その間、子どもたちは先生と自由に話し合うことができ、教育的な遊びや博物館ゲームに熱中することができるのである。手で疑問を感じたり、目で覚えることを訓練する。これらの子ども博物館は一般に都市住宅の中心に創設されている。

一方、農村地区では子ども博物館は巡回展示に代わっている。会場は、アイデアを与えたプロヴァンス地方のフレネ校のグループの専用になった。子ども博物館のコレクションの主要な部分は、自然史、民族学、科学に関係がある。というのは、美術に関しては疑わしいが、科学に関しては子ども博物館は完全に正当化されるからである。取り扱われる資料は、鉱石、金属、木材、家庭用具、植物、または小動物などである。それらは子どもたち自身が収集したものである。博物学者としての散歩、工場や職人の仕事場、近所の農家周辺を探求する間に集めて、彼ら自身でラベルを貼った。それらは、型作り、絵画、陶器、織物、写真など、さまざまの遊びに役立つ。アメリカでは、参加型の模型を増やしている。その理由は、子どもたちが科学的なデモンストレーションをするために要求しているからである。

純粋に個人的な芸術は、大人の問題であるのに反して、職人の仕事場は確かに若者の競技場である。実際、子ども博物館は《博物館》の名前に値しない。それは《文化センター》やクラブであり、昆虫、鉱物学、鳥類などの特定の科学的分野に興味をもつ小グループの集会である。子ども専用の会場には、クラブのように、レストラン、スタジオ、図書館がある。そこで開かれる展示会は、ごく単純なテーマの二、三のショーウィンドゥにとどまっている。たとえば、探検、クリスマスのお話、絵本、あるいはサーカスなど……。

博物館の教育的機能は、一九二〇年から重要性が増している。世界の他の国では、せいぜい、一〇館くらいしかなかったが、アメリカには三五の子ども博物館がある。「メトロポリタン美術館」の青少年博物館は、一九四一年に創設され、毎年、九歳から十四歳の小学生を三〇万人ほど迎えている。ヨーロッパでは、一九二〇年に創設された〔オランダの〕ハーグ教育博物館を挙げることができる。それは小学校と協力して機能し、一九四七年には四万人の小さい見学者を迎えた。

ヨーロッパは子ども博物館に否定的である。それは博物館ではない、子どもたちを特別扱いにすることが、あとになって、大人のための博物館を傷つける、というのである。より微妙な意見によれば、大きい博物館に、職員を教育者間から募集する児童部を設けるだけで充分である、という意見がある。

アメリカのほとんどの博物館には、児童部がある。そのギャラリーは毎週土曜日の朝、青少年に解放されている。イギリスでは、一九一四年から一九一八年までの戦争の間、「ヴィクトリア・アンド・アルバート美術館」に子どもたちのための手仕事の訓練を行なっていた。彼らは博物館の作品からヒントを得るのである。平和が戻ったとき、この活動は終わりを告げた。パリの装飾芸術博物館では、十五歳以下のアトリエを創設し、驚異的な成功を収めた。(1)

(1) このアトリエの指導者、ピエール・ベルブのために、私は入門手引書を書いたので参照していただきたい。『芸術の鍵』(Les clefs de l'art-Hazan)、一九六二年(原注)。

若者たちの手の届く範囲で、学校とクラブで資料を借りることがある。フランスでは、資料の貸し出しは、教育的博物館の同意によって教師に教育的資料を供給している。この資料には、化石、動物標本、地質学標本、フィルム、レコードが含まれている。

子どもたちのために博物館を創立する代わりに、ヨーロッパでは成人用の博物館に子どもたちが行きやすくすることを好む。これは、専門でない分野では、大人は子どもと同じだということからである。展示は大人にもできるだけ分かりやすく、単純であるべきである。

ジョゼフ・プリュドムは次のように述べている。「子どもは潜在的な大人であり、私たちは、つねに、その実際の知的発育を過小評価する危険がある。」

したがって、単純化する努力が必要なのは作品ではなく、子どもと作品の間の仲介者の養成である。この仲介者はコレクションの紹介に参加し、博物館の現場で働かなければならない。一八八〇年、ルーヴル美術館ではすでに小学生を誘導することが慣習的になっていた。ルーヴル美術館には、いまでもフランスで唯一、常設の教育部がある。しかし、地方の幾つかの博物館では、教師が引率する見学が企画されているにすぎない。

子どもたちの見学が、最大限の効果をあげるためには、その状況は厳しく認定されなければならない。すなわち、教育職員と学芸員との間の同意によって、準備し、系列化しなければならない。ひとつのグループは約一五人の生徒を越えてはいけない。見学は一時間を超えるべきではなく、一回の見学時間を長くすることよりも、短い時間でも数回見学するほうが好ましい。見学は一シリーズで、テーマは学校で学んでいる科目に近い内容が望ましい。可能ならば、見学後、生徒にイラストの入った宿題を出すことである。教室で、自分で仕上げた勉強を全部説明することは役に立つだろう。

この練習を普及させるためには、博物館の見学に、週に一日くらい当てることができる予算とカリキュラムが必要である。少なくともアメリカのように、木曜日か土曜日、午前の半日が必要である。これは中等級の生徒のためのものである。学年の初めには、学芸員か歴史の教師の指導の下に、中等講座の教師すべての引率が義務づけられた見学が必要である。

採用した方法がどのようなものであれ、組織化された教育サービスは、断然、最高の仲介者となる。なぜなら、専門化されることによって、若者たちの要求すべてに応えることができるからである。スウェーデンとノルウェーでは、博物館を見学したあとに、両親と一緒にまた来るようにと、本人と本人以外の二人に有効な無料入館券を子どもたちに配っている。子どもは、自分が聞いた説明を喜びながら自尊心をもって両親に伝えるだろう。要するに、あまり長い努力や繰り返しを要求しないことである。

展示技術と解説の材料は、博物館にとってとくに重要なものである。原則は次の確認に基づくことである。つまり、博物館が一冊の本を仕上げなければならないとき、挿し絵入りの大きな本ではなく、解説文は長すぎず、その作品はイラストだけを用いることである。これは、まさに望まれていることと裏腹であり、実施されていることとまったく反対である。

II 見ることと理解すること

理想は、私が「三つのC規則」と呼ぶものに要約される。すなわち、明快（Clair）、短い（Court）、完全（Complet）の三つである。文章は最小限に縮小され、模型、はがき、グラフ、地図、コピーで囲まなければならない。その大きさ、スペース、相互関係は表示されなければならない。しかし、この巨大な教育事業は、一体、何に必要なのだろうか？

それは、非常に稀な、しかしきわめて重要な芸術を「見ることを学ぶ」ことを強く望むからである。視覚による教育は、記憶を豊かにし、数字や事実を記憶するよりも、感覚を活発にするのである。

学校は読み書きを教える。うつろな記憶の訓練を要求する。しかし、博物館の役割は、芸術を「見ること」を学ぶ点にある。これによって、誤った判断や解釈のミス、相互の無理解と事故はより少なくなり、細かい部分の評価はより正しくなるだろう。その理由は、科学者には、詳細なところがないからである。

長い間、本は博物館から大衆と知識階級を遠ざけてきた。彼らは、ヒューマニズムが長い間に知識の実用的分野を広げたが、奴隷芸術に対しては、聖職者の中世の軽蔑を抱きつづけた。このように限定されると、知識階級は、感受性の強い理解能力に限られるだろうが、アングロサクソン的なユーモアのある《能力以上の教育を受けた人》という定義になるだろう。知識を得るのではなく、経験、知識そのものの源を得ることが大切である。これらのすべては、絵画と、その結果である記号が、文字にとって置き換わることによって表現される。イラスト入りの出版物、映画、テレビは、私たちの時代を映像文明に変えた。音楽と同じく、映像文明には全世界の支持者がいる。演説に関しては、合理的で明確な分野において、同じように世界的な数学的評価によってとって代わられた。一ページの方程式は、すべての言語による一冊分の説明にかかわる。数字と映像は、私たちにとって演説にとって代わられたのである。

しかも、作品を直接見るという具体性には、耳による説得をしのぐ決定的な力がある。若者にとって、有史前の斧を扱う、古い武器を分解する、生きている動物を描くなどの行為は、同じテーマについて講義を聴くよりも、より興味を喚起し、多くを学ぶのである。

博物館の目的は、本によって与えられた潜在的知識を現実的にすることである。文章をコピーすることではなく、見ることを学ぶことが重要なのである。博物館の授業は、各作品を見る視点や、その視点に立って作品をよく見ること、第一に誰がどの分野を専門とするにふさわしいかなど多種多様である。

おそらく、私たちに示されているのは、昔の生活環境、道具の由来、歴史の一時期、代表的人間の顔などであろう。あるいは、自分の専門を決めれば、天職や世襲の経験に達する傑作を実現することができるかもしれない。同時に、人生計画、仕事や楽しみのような、世のなかでより魅力的なものが博物館に存在しているかもしれない。

もちろん、コンサートや劇場と同じように、自然にその秘密を伝えるのが目的ではあっても、そのために博物館の門をくぐるのは充分ではない。博物館の見学者はどんな大衆伝統も楽しまない。センスのある、学ばねばならない言葉を話す。マランゴニ氏が述べたように、すばらしい本によって教育はできる。けれども、博物館の見学者は芸術作品の分析に習熟することによって成長するのである。

絵画に関しては、まず内容、テーマ、人物、形などを切り離して考えなければならない。テーマは逸話であり、話したり書いたりでき、時代の流行に関係している。それは感情的で情緒的であり、英雄の肖像、歴史的エピソード、母親や子どもの顔、故郷の景色、私たちの生活をとりまく親しい対象である。しかもそれは、映像の実用的・情報的な側面であり、仕事中の職人、衣装と慣習であり、これらはすべて、芸術家が私たちを誘惑し引きつけ、他の何かを伝えるためのものである。これは大切なことで、固有の叙情であり、値打ち、色、線によって表現される。

芸術作品を確かに《理解する》とは、何を意味するのだろうか？

それは何よりも、付随的で特殊な他のリズムで構成された、全体のリズム、デッサンと形のリズム、価値と明暗、色彩とパレット〔芸術家の独特の調子〕のニュアンスのリズムに敏感になる、という点である。

私たちは、各人の諸要素を同じに感じとることはできない。形、つまり線と量の組み合わせは、最も知的な要素であり、方角と動作の言葉である。価値は反対に、より現実的、現世的であり、光に対立する障害物によって構成されている。つまり、曖昧にせよ、広がって変化があるにせよ、レオナルド・ダ・ヴィンチが明暗の名前をつけて考え出したように、区域によって分けられた光の影で創られる。最後に、調子はプリズムの全部の色の混合で構成される。それは、三つの基本色と、暖色、寒色の二つのシリーズに分類される。画家とアマチュアの記憶は、天性、特殊な才能によって、自然に、しかも即座に分析することができる。この天性は、これらの要素の一つまたは他について、彼らをより敏感にし、芸術家の手法を明らかにする。彼はデッサン画家か、ルミニスト〔明暗様式主義者〕か、色彩画家のいずれかであろう。

傑作の基準は描かれる以前に、絵画作品の要素のすべてが感じられ、吸収されたという事実に裏づけられている。それに反して、暮らしのなかでとらえられた生《なま》のテーマは、性格や芸術ぬきの合成物である。

素人や大衆が、この分析に習熟するのを助けるためには、分析用の小さい絵画を博物館の壁に展示するとよい。すでに私たちがナント博物館で実施したように、それは、選ばれた絵画の構成、価値、調子を細かく分析する。これらの計画は非具象派のように見える。それには、テーマなしの画家は、伝統画家と同じように没頭した結果だということを示す二重の利点がある。しかし、彼らは、題材、言い訳、衣服を選びもしないで、自分から止《や》めてしまったのである。

師範学校で取り入れられた芸術入門の指導は、教師養成よりも本が少ないという長所があるだろう。一九三八年以来、ニュージーランドで、博物館は、博物館員養成を受けに来る実習生として教師たちを受け入れている。同じくノルウェーでは、教師たちは興味をもって講演に出席する。しかし、中等教育の教師に予定された入門指導はすべて、世界中で同じように失敗した。

Ⅲ　新しい大衆

ここで日曜日の群衆の側面に目を向けてみよう。芸術の傑作を大勢の大衆の手の届くところに置くのは、異論のある難しい仕事である。長い間、コレクションは、何を求めるか知っている者だけが鑑賞していた。しかし、すでに一六六〇年に、フランシス・ベーコンは、その『新アトランチス島』のなかで、教育博物館のプランを書いており、カンパネッラはその「太陽の都市」のなかで、アレクサンドリアの「ムセイオン」の復活を要求している。しかし、反応は見出すことはできなかった。

こんにちの博物館は大衆に対して、美的、社会的役割を果たし、そのセンスと文化形成を手伝わねばならない。とくに、芸術品は、本来社会的なものである。それなくしては、芸術作品は生まれないだろう。作品は、見たところ社会的でない世界においても、社会的なものとして存在するべきである。

新しい大衆は、後天的に芸術家になる。かつては、画家は生きている師のアトリエで習得した。彼らは、いつも習得を当然のこととする。しかし、ある者たちは、死亡した師の無言の教えを好み、博物館の絵画作品のコピーを制作しにくる。一七九三年に、ルーヴル美術館では、週に五日をコピイスト〔模倣者〕に、三日を大衆にあてた。現在、まだルーヴルにはコピイストがいる。セーヴル博物館がセラミック製陶工場またはファエンツァ工場と結びついているように、幾つかの博物館は技術訓練に緊密に参加している。

アメリカでは、展示技術の職員のための特別講座を実施している。現代芸術と特別展示会による博物館の影響は、センスと流行の発達にとって明らかである。経験によれば、ためらいがちな大衆を惹きつけるためには、グループに接触するのが有効である。外国では、個人企業が大衆と博物館間の橋渡しをしている。この着想は、一九〇六年に開催されたアメリカ博物館協会の第一回会議で生まれ、「カーネギー・コーポレーション」で実現し、スウェーデンとベルギーが国立博物館事務局によってこれに続いた。一都市にある「友の会」以外にこの種の機関がないフランスでは、学芸員が外交的仕事を準備していなくても、労働組合、レジャーサークルなどのグループと、彼ら自身で連絡をとらなければならない。

「誰でも」が博物館に気軽にアクセスできるようにしなければならない。なぜなら、たとえ学者であっても遠ざかっていれば疎くなるからである。研究専用のコレクションを除いて、夕方や日曜日の、働いている人たちの自由時間に、無料で入れるべきである。大衆は入口で愛想のいい案内役の女性たちの、役に立つ情報の説明を受けるべきで、それは空港のロビーと同じくらい必要である。スウェーデンでは、旅行ガイドと同様に、警察官と公共輸送の従業員にも博物館の情報を与えている。

とくに、博物館の紹介は、目立たず、ほとんど感じ取れないほどの情報であるべきであろう。というのは、あまりに教育的な紹介は、作品を犠牲にしてしまうし、注意力をなくし、疲れさせるからである。

しかし、無言の紹介は少しも興味を抱くことがない。博物館はすべて大衆のために作られ、学芸員やその学識豊かな友人のためにあるのではない。椅子は見学者を迎えるためにある。一つの見学コースが、強制ではなく提供されるだろう。見学者のために、連絡と休息用のホール、トイレと電話のあるロッカールーム、可能ならばレストランも、またはアメリカの博物館と同じようにカフェテリアがあるべきだろう。これらの施設はすべて、そこに行くのに博物館内を横切る必要がないように、一階に集められるのが理想的である。

講堂には、光を通さない絵画作品や彫刻のためのエピジアスコープ[1]とともに、スライドまたは映像設備が必要である。図書館には必要な写真資料室を兼ねる必要がある。民族誌学に関しては、レコードライブラリーが必要であろう。特別展示用のホールは、いつでも使用できるように、博物館の通常の見学コースの外に配置しなければならない。ホールは展覧会の性質に沿って、移動間仕切りで仕切られるようにするべきである。防音、ないしはアンプによって音響効果を確保することができるだろう。

（1） 講義や会議で用いる投影光学器。反射光方式と透過光方式の二種の機能を持ちあわせる型。

絵画作品の前で、二、三分間、見学者の注意を引きつけておくのことは難しいと思われている。最高に快適な設備であっても、慣れない見学者にとっては、疲れと頭痛の記憶なしに巡回するには充分でない。そんな不快さがまったく無い博物館を望むことは、過剰な期待であろうか。

Ⅳ　常設展示と巡回展

経済的条件は、現在、美術館よりも科学博物館を魅力的なものにした。〔ロンドンの〕サウス・ケンジントン博物館（一八五七年）、ミュンヘンにあるドイツ博物館（一九二五年）、シカゴ科学産業博物館（一九三三年）、パリの「発見の宮殿」（一九三七年）は、永続する成功に恵まれている。クリーブランドの健康博物館は、人気のある博物館である。大衆は、見て、触れて、学ぶ。見学者にとっては、旅行や研究所に似た実際的な経験なのである。同じように工業美術があり、アメリカの博物館は純粋芸術よりも取り組んでいる。一シーズンの期間中に、アメリカの一二の博物館は展示会を企画した。大衆が、提案された作品中から、工業製品と職人の作品を区別せず、好きなものを選ぶためである。

展示会の最もよいやり方は、作品を中央に置いて、その起源、変化、利用法を示しながら、限定されたひとつの質問を取り扱うことだろう。技術的な問題は、いつも技術者と同じように群衆の関心をひく。この意味で、ミュンヘンにある「ドイツ、一〇〇の技術的傑作博物館」は、産業大学の地質学と天文学から、水工学、鉱山、電気学、写真術にいたるまでの三〇の分野を提供している。

現在の自然史博物館の傾向は、心理的に生き生きした様子を犠牲にせず、科学的見地から、人間と自然の間の直接的な関係を示すことにある。動物は、比較的に自由な静止状態で、彼らの生活環境のなかで提示されるだろう。もしそれができなければ、ベルン博物館にある二二五のジオラマのように、ジオラマによって生の幻想を与えることができる。

美術館の場合は、もう少しデリケートである。解決は兼用博物館にある、という。それは徐々にではあるが実施されている。アメリカでは「メトロポリタン美術館」が、傑作をコメントなしで展示し、近くにある二番手の作品が好ましい説明をすべて備えている。

しかし、最良の展示方法であっても、大衆を惹きつけるのには無力であり、特別展覧会に頼る必要がある。選りすぐられたテーマ、大幅の割引、外観の新しさによって、ある種の魅力をつくりだすことができる。したがって、特別展示会の新しい形によって、博物館のコレクションを提供していくことは効果的である。この場合、音楽や放送番組のようにある種の演出によって、より効果的でダイナミックな身近かな方法を採用することができる。しかも、この試みは永続的な方法として採用できる。パリでは、控え目ではあるが、このジャンルの展示会の完全な成功として、印象派美術館を指摘することができる。

特別展覧会が恒久的ギャラリーを妨げないために、博物館には充分に広い特別展示会場を必要とする。それぞれの展示会は、このような経験の証人になれるだろう。特別展示の開催によって魅力は増し、博物館自身の利益になり、倉庫の収蔵品の展覧会をたやすくし、批評的カタログを正当化し、方法を多様化することにもつながるものである。

巡回展によって、もう一歩前進することができるであろう。巡回展は見学者を逆に迎えにいくものである。まだ少ないが、巡回展示は広まりはじめている。もし主催者として、運搬と同様に梱包に多くの手間をかけるとすれば、そのかわりに博物館の受信者は不必要となる。フランスでは、巡回展の大部分は、大使館の文化部か、ギャラリーの後援または非後援の芸術家グループよって実施されている。フランス人芸術家たちは、外国ではフランス芸術普及協会によって紹介されている。

最も歴史ある貸し出しサービスは、間違いなく「ヴィクトリア・アンド・アルバート美術館」であり、これとは別のやり方で実施された。すなわち、常設展示のほかに、博物館は二万五〇〇〇点の作品を選び、三〇〇の特別コレクションに区分した。ラベルと解説文をつけ、展示ケースに入れて巡回し、一、二か月の間、イギリスの小さい町ごとに巡回させたのである。最高の梱包技術は、イゾレル〔硬質繊維板、ハードボードの一種〕またはベニヤ板によって蝶番で中央にとどめられ、開くと展示ケースになる。平らな作品は、穴のあいた合成素材の移動パネルに固定することができ、鋼のチューブの支えの上に、滑り溝のついた木箱に入れられて移動する。パネルには番号がつけられ、解説と印刷されたガイドブックが付いている。

しかし、すべての市町村に何時もこのような展示会を収容できるイヴェント会場や学校があるわけではない。これが、幾つかの新しい地方が移動博物館または「博物館バス」による解決を望む理由である。それは、すべての設備を整えたトラクターとトレーラーで組み立てられ開けるだけで充分である。

ポーランドでは、このシステムによって、一九四九年に最も遠い田舎でも一日に一〇〇〇人の見学者がミッキービィッツ・プッシュキンの展覧会を見ることができた。イタリアでは、博物館の教育センターによって採用されたこの同じシステムによって、すべての地方で古代サルジニア島の芸術展示会を紹介することができた。アメリカでは、イリノイ、オハイオ州のイェール大学（ニューヘブン）が移動博物館を所有している。ヴァージニア州では、博物館を車にのせ、いままで博物館に足を踏み入れたことのない一〇万人のヴァージニア人が、傑作と接することができた。フランス教育省は、建築家A・ベールが製作した伸張性のある移動ユニットを利用している。このユニットは、幅が閉じて二・五〇メートル、開いて七・五〇メートルに変化するものである。

普通、アメリカの博物館は、富豪・実業家の私的財団であり、彼らはこの組織で、その財を築き上げた方法を応用し、まず宣伝として利用している。ヨーロッパでは、これを実施するのが遅れただけである。しかし、知識階級と同じように、大衆に根強くある「反・博物館偏見」を征服するために、他の場所でその真価を示す次のようなパブリシティの方法を採用することを決意した。

チラシ、パンフレット、博物館の通信に役に立つ絵はがき、新聞発表、大仕掛けな開会式、カクテルパーティー、コンサート、ダンスパーティー、晩餐会、旅行代理店とのあらゆる形での協力、新聞のパブリシティ、劇場、映画館、街路でのショーウィンドー、駐車場、地下鉄の駅、観光協会などでの広告、芸術賞品つきのコンクール、博物館の作品についての対話、ラジオ放送、最後に、テレビでの紹介がある。

とくに、テレビは、カラー戦争を制して以来、最も効果のある手段である。いままでは最も独創的な方法が用いられ、歓迎されている。大衆をヴァン・ゴッホ展に惹きつけるために、クリーブランド博物館の学芸員は、施設の入口にオランダの風車小屋を建てた。

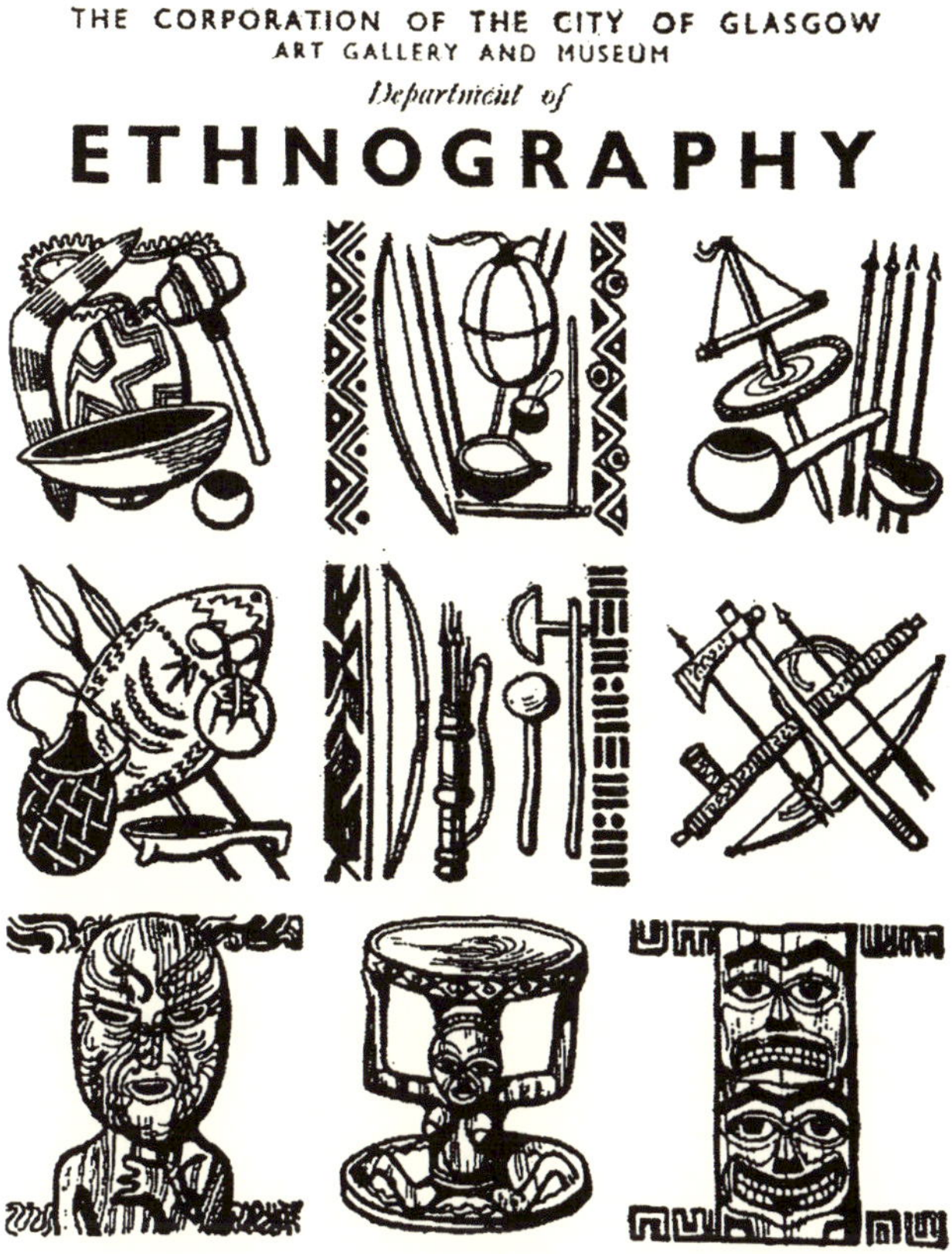

図5　グラスゴー博物館の展示会のポスター

出版物は、ラジオとともに情報手段であるから、それを無視することは、無視されることと同義である。アメリカでは、一年に六〇〇〇万人の人たちが三〇〇〇の博物館を訪れているが、五二〇〇万部の日刊新聞は一億人の読者を獲得している。アメリカでさえ、埋めるべき大きな余地があるのが分かる。なぜなら、最も強力な宣伝であっても、アメリカの大都市の人口の一〇パーセントしか獲得していないからである。

博物館の最後の宣伝方法の一つは「映画」であろう。博物館のテーマに関しての映画はほとんどなく、種類もほんの少ししかない。博物館見学に割り当てられた、短編映画を配分する義務を負わせる計画を作成すべきだろう。アニメーションは語るべき言葉を持っている。観衆の前で、絵画作品を分解して、シナリオを非常に効果的に教えることができる。映画の魅力をもっと強調すべきである。ロンドンでは、博物館のホールで撮影した主要作品の一シーンが、翌週に同じ博物館に異例の群衆を集めたこともあるのだ。

第八章　博物館の形態

これまで述べてきた内容を要約してみよう。博物館は伸び悩んでいる、というのが結論である。現在、世界中には一万二〇〇〇館近くの博物館があり、そのうちの半数近くは、博物館の誕生の地であるヨーロッパにある。アメリカでは、都市の二五パーセントはアメリカ合衆国、残りの二五パーセントは世界の他の地域にある。アメリカでは、都市の五パーセントが博物館を保有している。ヨーロッパではその割合はもっと大きい。とくに、フランスとイタリアがそうである。

I　博物館の専門化傾向

どの都市にも図書館があるように、博物館が各都市に一館ずつあるべきであるが、消滅してしまう博物館もある。

新しい国家意識に目覚めた国々では、国の過去の証になる博物館の存在を顕示する意欲に燃えている。搾取していたヨーロッパの《蛮人》を長らく軽蔑していた中国は、その宝物を集め直している。ダリウスの宝物は、アメリカ合衆国の文化に充分に貢献したあとで、古代ペルシアの見事な文化の証としてテヘランに戻ってきた。ベニン〔旧ダオメー、モロッコの中部の都市〕の黄金の工芸品は、リベリアの美術館がヨーロッパで多額の出費をして買い取った。東京では、ル・コルビュジェの設計による現代美術館の建設を開始した。マドラスでは、古代インドの高度の精神性を誇りとして、博物館は、インドの最も偉大な思想家シャンカラチャリヤの千百年祭を大々的に挙行した。物と人は、国の偉大さの証になる博物館のおかげで、祖国にその存在場所が得られている。

しかし、博物館への入場者数はかなりまちまちである。一九三六年に入場者数が最も多かった博物館は大英博物館であった。それに次ぐのはニューヨークの動物園、そして第三位は、こんにちのルーヴル美術館と同じように一五〇万人の入場者があったメトロポリタン美術館であった。世界のどの国でも、過去五年間で四〇パーセントの割合で博物館の入場者数が増加した。

現在では、博物館は、一国ないし一人の人物、またはひとつの芸術について、かけがえのない情報や調査研究のセンターになるように専門化する傾向にある。事実、どの博物館も、その成立自体や、その創立者の好み、それが存在している国、次々に受けてきた方針、それが入っている建物によって、すでに特化している。自然的に専門化している博物館の例として、ブールジュのベリー博物館、バイヨンヌのバスク地方博物館、ナントのブルターニュ博物館、ジュネーヴの宗教改革博物館、ウィーンのバロック美術館がある。ルーアンの金属製工芸品美術館やリモージュの陶芸美術館、パリの衣装美術館、エピナルの通俗版画美術館、サンリスの狩猟博物館、チェールの刃物博物館、デンハーグの郵便博物館、カーニュのオリーブ博物館、ベルジュラックのタバコ博物館、ヴァレンシアの闘牛博物館のように、ひとつの技術に当てられている博物館もある。ここにあげたものは単なる例にすぎない。

ひとつの都市、あるいは一人の人物に当てられている博物館、一般にその人物が生まれ、生活した家も博物館となっている。たとえば、ワイマールのゲーテやアジャクシオのナポレオン、グラースのフラゴナール、トレドのエル・グレコ、アントワープのルーベンス、マウント・ベルノンのワシントン、ドンレミのジャンヌ・ダルク、ウプサラのリンネ博物館などがある。物的資料に至っては、杖や制服、楽器、ポスターなど、コレクションや博物館の対象にならないものはない。

場合によっては、物品が紙製であれば、古文書や図書と共通の範疇に入ったりする。資料が動物製や道具であれば、科学か自然史あるいは芸術が同様にその範疇に入る、と主張できる。工芸博物館や民芸博物館は、歴史博物館と境界があいまいである。博物館の保存としての機能を拡大解釈すれば、フランスのカルカソンヌやコルド、あるいはペルージュなどは、イタリアの多数の小都市と同じく、町自体が博物館的都市と見なすことができる。とはいえ、景勝地や庭園は、保護地区や国立公園とともに、野外博物館との境界がはっきりしない。アメリカ合衆国には風光明媚地区が八二ある。しかし、開放的な屋外博物館は、デンマークの南部では適応できないようである。

この多くの博物館では、そのタイプと性格に何よりも影響するのは国民感情である。フランスやイタリアのように古くから博物館のあるヨーロッパの国々では、博物館は、豪華な大広間、すなわち「サロン」としての元からの姿を残しており、一年ごとの展覧会にも「サロン」という呼び方が残されている。博物館は、たとえ観光客がよく訪れる場所であっても、そしてエリートという言葉の裏に隠れている現実がどのようであっても、エリートのための場所である。

II　アメリカとソ連の博物館

アメリカ合衆国の博物館の性格は、それとはまったく違う。博物館は私立的な施設である。アメリカ合衆国の最も古い美術館は、一八四八年にダニエル・ワーズワースによってコネチカット州のハートフォードに創立され、一八四八年にそのコレクションが遺贈された「アテネウム」である。アメリカ合衆国のどの美術館も、最初の創立者の意思であった、家庭的な暖かい出会いの場、というその先駆者の精神を受け継いでいる。そのなかでは、週末の保養地のように、和やかに過ごすことができ、絵を描いたり、音楽を聴きながら時を過ごしたり、一人で食事をしたり、好きな製作をしたり、好きな趣味の雑誌の最新号を読んだり、あるいは単に友人達とおしゃべりすることができる。博物館は生き生きした団欒の場であり、生きている家庭である。それは実際に民主的な「クラブ」である。農作物の品評会まで博物館で開催されている。芸術品に対しては、博物館は保存の場であるだけでなく、展示の場である。入館は、夜の十時まで、そして食事の時間も自由で無料である。泉水の傍らには座り心地のよい椅子、書きものができるテーブル、電話などもあり、カフェテリアあるいはレストランも、そこにある。老人や身体障害者のための車椅子まである。「広報」としてのサービス機関も付属していて、一般の人と博物館との接触は日常的で頻繁に行なわれている。一般の人たちは、実際的な工芸講座とか、よい音楽を聞いたり、詩を暗誦したり、演劇をするホールを博物館に見出だすことができる。博物館は一時間を過ごして、そこから疲れて出てくる特殊な「サロン」ではなく、家庭的な環境の場であり、町の主人達の真の「クラブ」である。

ソ連邦の博物館は、それとはまったく異なる。芸術は他の活動と同じように扱われている。博物館はすべての人、したがって体制に奉仕するためのものである。博物館は、レーニンの命令で一九一八年から保護されたが、いずれにしてもレーニンは、《人民のための》芸術のことを問題にしていなかった。レーニンは、工員や農民が社会の他の成員と同じく、唯一の真の《偉大な芸術》に接する権利がある、とまさしく考えていたのである。

しかし、ロシアには聖画像破壊運動の伝統があり、造形芸術は、ローマ教会的カトリック諸国のような古くからの土台が存在していなかった。古くからロシアで行なわれていた唯一の造形芸術は、ソビエト人たちにとって生きていない信仰に当る聖画像の造形芸術であった。したがって、歴史や科学博物館、政治経済学や技術博物館、民族学や文学博物館は数多く開館したにもかかわらず、美術館は優遇されるどころではなかった。とりわけ、革命で没収された作品がそののち、当時存在していた一一五の美術館に分配されることによって美術の存在がわかる程度であった。

ロシアでは博物館学が遅れている。とはいうものの、それに反して肝心なことであるが、博物館の数と入場者数は著しい。一九一七年以前、ロシアには博物館が一八〇館存在していたようであるが、いまでは一〇〇〇館近くあり、少なくともモスクワに関して、芸術分野ではトレチャコフ博物館とプーシキン博物館は際立っている。美術館として開放されたクレムリンは、一九五六年に八八万人の入場者があったし、エルミタージュには一五〇万人の入場者があった。一九三七年には、地域間の博物館を組織化するための博物館学研究所がモスクワに設立された。

ソ連邦における博物館の性格を推論するのは容易である。それは教育的傾向が美学面よりも勝る「学校」である。矛盾することではあるが、ソビエトの公認の現代美術が一八七〇年から一九一四年までのサロンのブルジョワ芸術を引き継いでいるのは、それがそれ自体とは異なるメッセージを担おうとしている現実的でしかも写実的な《社会・政治的に参加している》芸術だからである。

Ⅲ　サロン的、クラブ的、学校的、研究所的博物館

西欧の「サロン的博物館」とアメリカの「クラブ的博物館」とソビエトの「学校的博物館」のうち、どれが勝っているのだろうか？

私はこの問題をこのように捉えるべきではないと個人的に考えている。国家的な性格の枠を超えて、調査研究に専念する学者と専門家に向く「研究所的博物館」と、開放的な屋外博物館を最終目的とする娯楽的博物館との二種の異なった形態が、現在の傾向として浮かび上がってくる。後者の形態では、合理的な観点から見て、最も驚くべきことは、現在の博物館学が、現代生活の宗教のようになっている効率と、「実践哲学」という新しい名称を付けられた、この世界のように古くからある組織化を、無視しているように思えることである。

博物館学は、「自動化」を無視している。芸術は確かにそれとまさしく対照的である。しかし、創造活動のときに自動化が作品の制作の原動力になることが忌み嫌われているとしても、自動化が芸術品の展示に役立つのは可能である。

Ⅳ　自動化博物館

博物館学が入場者を惹きつけることに熱中して、来館者にとっての何時間も延々と立ったままでいる疲労や、立て続けに次々と部屋を移動する疲労、視線を意識的に合わせなければならない疲労、たどたどしく、またはわかりにくい注釈が与える苦痛、休息と楽しみであるべきにもかかわらず、頭痛と疲労のもとになるもろもろを来館者のためになくしてしまおうと考えないのは、驚くべきことである。

観光と特別展覧会との間に矛盾があることも認めるべきである。観客は、見にきた絵画作品がどこか離れたところに出張しているという掲示を読むためにやってくるのではない。展覧会は、個人所蔵の宝物の展示でしか自己主張できない。公的所蔵はやがて観光的に惹きつけるものとして動かしえないものになるだろう。観光そのものが博物館学にとってヒントになり、自動化の利用を思いつかせるはずである。この要求に応えるべく、そして単なる論理的帰結として、巻末に、自動化博物館の可能な解決法を読者に提案してみることにしたい。

流行に支配される世論の流れに巻き込まれている私たちは、本来の義務と動かしえない法則と、それに対するその時々の好みとを区別する必要がある。博物館で支配的になっている純粋主義と抽象は一時の流行であって、この分野の法則ではない。純粋主義と抽象は、実際には装飾美術と科学との共通点である。工業が飛躍したどの時期も、同時に装飾美術の時代であったことを思い出すべきである。かつて、村の職人業が誕生した新石器時代でもそうであった。

絶対的な博物館も完全無欠な博物館も存在しない。過ぎ去った時代で意味のない遺跡を抱える都市が無いように、忘れていても、博物館のない古い都市は実質的にはない。博物館を持たない民族は伝統も魂もない民族であり、芸術は、過去の伝統を呼び覚ますことによってのみ価値がある。博物館は、この魂が生きつづけている聖域である。キーツは、「美しいものは永遠の喜びである」と言った。しかし、彼は一部の人たちのことを思い浮かべてそう言ったにすぎない。彼は言わなかったけれども、言わなければならないことがある。それは、美しいものは「みなの喜び」でなければならない、ということである。

これは、こんにちの博物館が背負うべき、困難で、矛盾している責務であり、明日の博物館にさらに重くのしかかる使命である。

付録1　自動化博物館の概要

ナント市の建築家シャルル・フリエゼ氏（一九〇一〜一九七〇年）との共同提案

もともと自動化博物館は東西の軸に対象的に二二階の建物に構成されたものである。中央には、自動巻き上げ装置があり、四四の展示室が左右に隔てられている。個々の展示室には、約二〇席の回転椅子がある。来館者は各階の自動巻き上げ式の展示室のなかで間仕切壁に飾られた絵画作品やその前に置かれた可動型の調度、小装飾品を見ることができる。間仕切壁は円形の床の上に置かれているため、回転することができ、装飾は三〇秒で換えることが可能である。

このような方法を用いれば、一時間半で一〇〇〇人の見学者が連続で一〇〇〇点の作品を椅子に座りながら鑑賞することができる。それぞれの作品に適切な解説と、その作品に相応しい音楽を同時に聞きながら鑑賞できるだろう。すべての操作は地下で行なわれる。

シャルル・フリエゼ氏はこれとは反対の解決策も着想している。つまり見学者が移動するのではなく、作品が動いていくのである（拙稿「博物館の自動化」『芸術と建築の現在』一九六一年七月号No.32を参照のこと）。

図6　自動化博物館の平面図／一般的な階層の図

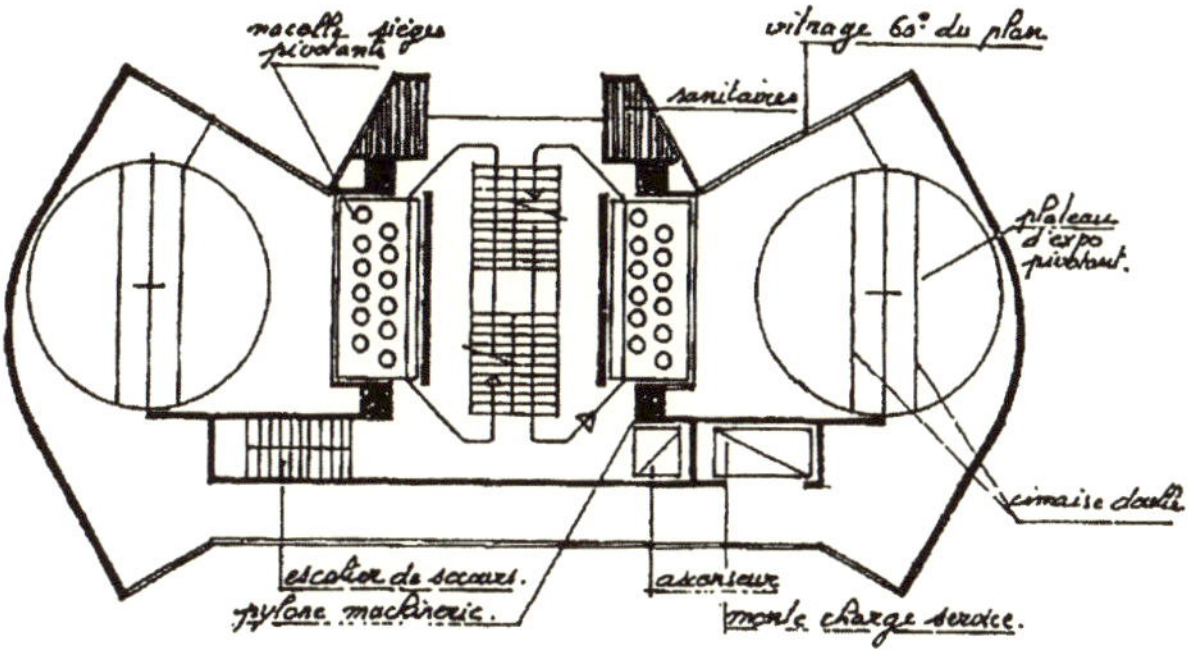

図7　自動化博物館の立面図／最高部の断面，運転と機構

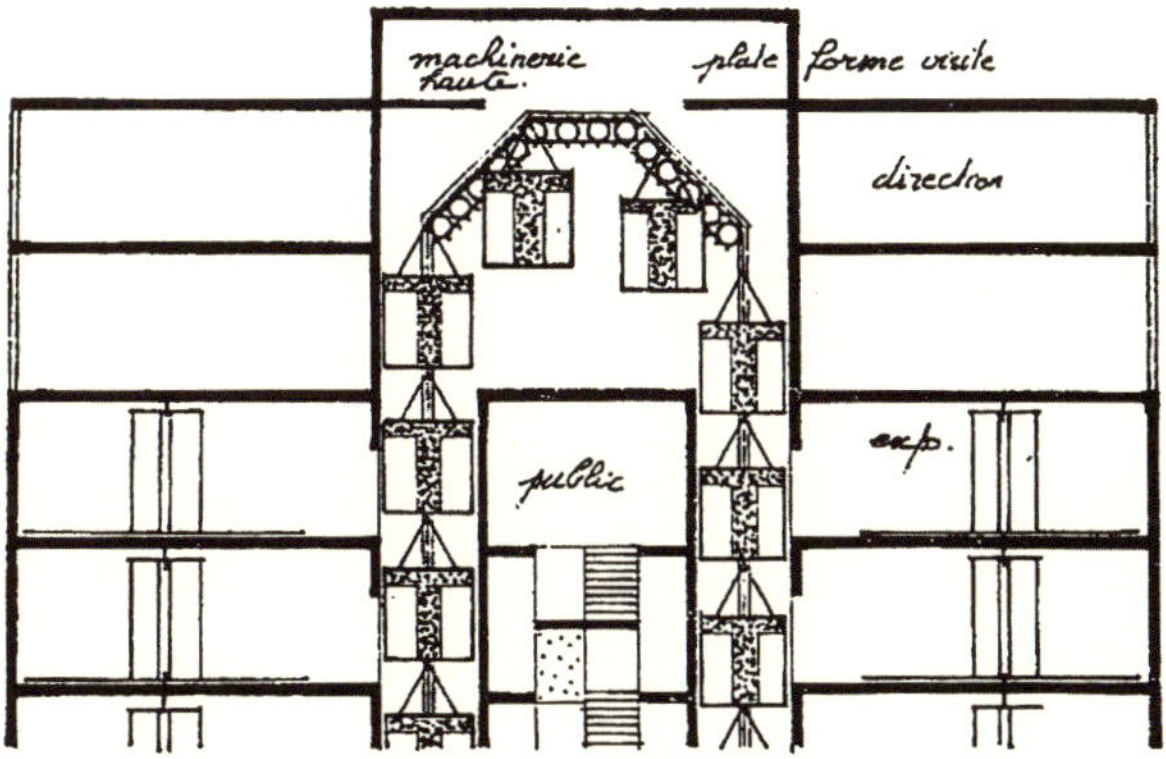

付録2　収蔵品目録の記述項目

A　収蔵目録に記載すべき項目（イタリア式台帳、一八項目）

(1)取得の方法
(2)販売者または遺贈者、寄贈者の名前と住所
(3)取得年月日
(4)登録簿への記載日
(5)価格
(6)分類の指標または分類番号
(7)登録番号
(8)資料または作品の記述
(9)材質と技巧
(10)法量（寸法）

(11)作者
(12)時代
(13)起源（制作）
(14)起源（機能）
(15)起源（コレクション）
(16)カタログ
(17)資料ファイル
(18)その他の観察点

B　目録カードに記載すべき項目

(1)作者
(2)作品名、日付
(3)材質、寸法
(4)登録番号
(5)出所、入力日
(6)参照文献
(7)写真

C　作品目録に記載すべき項目

(1)作者
(2)略歴
(3)作品名、日付、署名
(4)材質、寸法
(5)作品の概要
(6)作品歴
(7)文献目録一覧
(8)展覧会歴リスト
(9)作品批評、属性、出典
(10)作品の所有者

付録3　博物館情報の最小限情報分類〔訳者補遺〕

こんにちでは、国際博物館会議（ＩＣＯＭ）における博物館ドキュメンテーション国際委員会（ＣＩＤＯＣ）や英国博物館ドキュメンテーション協会（ＭＤＡ）が博物館情報の標準化を推進している。ここでは参考のために右記の二つの組織が制定している博物館情報について記しておくことにする。

博物館資料の最小限情報分類勧告（ＣＩＤＯＣ、一九九四年）

（目録記入）

(1)組織名
(2)資料同定番号
(3)資料分類
(4)資料名

(5)収蔵場所

(6)受入情報

(7)資料構成数

(8)資料タイトル

(9)記録情報

（物理的記述）

(10)法量

(11)材質、素材

(12)技術、技巧

(13)記号、刻印、商標

(14)主題、図像的用語

(15)状態

(16)画像

（内容に関する情報）

(17)原作

博物館データ標準（ＭＤＡ）

(1)資料の受入
(2)資料の借入
(3)取得
(4)目録作成入力管理
(5)収蔵場所、移動管理
(6)目録作成
(7)状態確認
(8)保存
(9)複製
(10)リスク管理
(11)保険管理
(12)補償管理
(13)評価管理
(14)監査
(15)展示物、展示方法

(16)返送
(17)資料の貸出
(18)紛失、損失
(19)償却、交換、廃棄処分
(20)回顧的文書

訳者あとがき

本書が書かれた一九七一年から数えて、今年でちょうど三〇年になる。この間に世紀が変わり、博物館建設ブームを迎えて、これまで以上に博物館の社会的使命が重要視されるようになってきた。ここではあとがきにかえて、三十年間の歩みを簡単に振り返り、博物館学の置かれた位置について考えてみたい。

パリでは、ポンピドー国立芸術文化センターが一九七七年に開館したあと、フランソワ・ミッテランが一九八一年に大統領に選出された。その翌年、ミッテランはルーヴル宮全体を美術館にする大改造計画を掲げた。一九八三年には、博物館だけでなく文化政策の具現化として、オルセー駅を美術館化する計画やラ・ヴィレット公園、アラブ世界研究所、バスティーユ第二オペラ劇場などとともに、パリの都市建造物改造計画を発表した。クライマックスであったルーヴル美術館の大改造計画も段階的に完結させ、こんにちではグラン・プロジェは一通りの完成を見た。

科学博物館の世界では、本書に登場する「工芸院付属国立技術博物館」がフランス革命のあとルーヴル美術館とともに一般公開され（一七九四年開館）、二〇〇〇年の春には大改装されてフランス技術の先進性と精神性を国家威信の表現として再び公開した。第二世代と称される「発見の宮殿」（一九三七年開館）は博物館の展示が教育資源として応用できることを示した。それに続いて、第三世代の科学博物館と称される「ラ・ヴィレット科学産業都市」は科学技術に芸術的演出を加えて展示物を一種のスペクタクルとして提示することをキー・コンセプトに、一九八六年に誕生している。王立植物園を起源に持つ国立自然史博物館は、一九六五年から閉館していた動物ギャラリーを全面改装する計画を発表し、一九九一年から一九九四年にかけて、順次、動物標本類を修復・統合し、グラン・ギャラリーとして大改造をなしとげ、いまや観光名所のひとつにもなっている。

博物館は、文化産業、教育産業、観光産業と結びつき、経済効果にも大きく貢献している。そして、このような動きのなかから、美術館や考古学博物館を中心とするフランスの伝統的な博物館学・美術館学に対して、新・博物館学運動や「科学博物館のための博物館学」という運動も、この三十年の間に立ち上げられている。

博物館・美術館の専門職である学芸員の養成制度面では、一八八二年に設立されたエコール・ド・ルーヴルとは別に、文化財保存行政（博物館、考古学、古文書、文化財総合目録、歴史建造物、文化財図書館の六分野）の高等行政官養成のための専門機関「国立文化財学院」が一九九〇年に設立された〔「博物館専門職養成制度に関しては拙稿「美術館・博物館行政官の情報理解と専門教育」『フランスにおける美術情報の普及と専門教育』（アートドキュメンテーション研究会、一九九八年）に詳しい〕。

常設展示や展覧会の技術だけではなく、保存、資料収集、教育など、どの分野を取ってみても、現在の博物館が置かれた位置は、本書が書かれた時期とは異なっている。こんにちの状況を概括的に言えば、社会全体が「国際化」と「情報化」の波にさらされ、その波が博物館の世界にも押し寄せているということができるだろう。

もはや、こんにちの博物館活動は、一館単独でできるものではない。専門化が進めば進むほど、ネットワークなどの情報技術を利用することが求められる。情報化に関しては、本書では詳しく述べられていないが、こんにちでは英国博物館ドキュメンテーション協会（ＭＤＡ）が基本的な目録作成基準を制定している。それに先立ちフランスでは、すでに一九六〇年代前半から、文化財の国定目録（一九六四年）が初代文化大臣アンドレ・マルローや美術史家アンドレ・シャステルのイニシアティヴによって進められ、現在でも継続されている。またこんにちでは、国際博物館会議の専門組織である国際ドキュメンテーション委員会（ＣＩＤＯＣ）や国際標準化機構（ＩＳＯ）によって、博物館データの国際標準化の検討がなされている。博物館の持つデータが標準化によって国際流通する日もそう遠いことではない。

フランスの博物館を変革しているもうひとつの原動力は、地方分権化の動きである。フランスの博物館行政はアメリカのそれとは異なり、中央集権型である。一九八〇年代前半に推し進められた地方分権の動きに伴って「地方の時代」や地域文化、あるいは地域アイデンティティの意識が芽生え、崇高な芸術作品のみならず、自分の身の回りにある民俗資料や近代化遺産に対しても保存の大切さに対して目を開かせた。そこに登場してきたのが「エコ・ミュゼ」であった。

地方分権の動きとともに登場したエコ・ミュゼは、ここ半世紀前後の民俗遺産の保護運動へと歩みを進めることになる。考古学遺跡の保存や芸術作品への保護は手厚く差しのべられていたにもかかわらず、地方の民俗資料・伝統芸能、工芸作品については、それまで重要視されてこなかった。当然、税制面での優遇措置もなかった。それを改善しようと、新たに提唱されたのがエコ・ミュゼであった。国際博物館会議の初代事務局長ジョルジュ・アンリ・リビエールや二代目事務局長のユーグ・ド・バリーヌらの近代化遺産に対する保護政策の提唱は、地域全体の民俗資料（民家や伝統的技術も含め）をひとつの「塊」、つまり遺産群として見なすものであり、ここ五〇年から一〇〇年くらいの間の近代化遺産に対する認識を新たにさせるものであった。

三〇年の間に起きたフランスの象徴的な出来事、それはエコ・ミュゼという概念が提唱され、実施・運営された点にあると言っても過言ではない。エコ・ミュゼの登場の影響を受けて、博物館学の世界にも新しい風が吹き荒れた。エコ・ミュゼは、情報化、国際化に続いて「環境志向化」を目指すフランスの博物館の特徴として指摘することができるであろう。

さて、フランスの動向から国際動向へと眼を移してみよう。

地方の文化財保存運動の一方で、ユネスコによる人類共通の文化遺産、つまり「世界遺産」や自然遺産の保護に関する条約が、本書の書かれた翌年の一九七二年に制定されている。また、時期を同じくして、海外に流出した文化財や博物館資料の返却要求の運動が起きている。ナチスの略奪による文化財返還運動や、植民地政策に便乗して持ち去られた文化財が原産国に返却される運動も起こりつつある。

これまで国家的に収集・蓄積してきた文化財の行方はどうなるのだろうか。政治的な決着はまだ当分先のことかも知れないが、民族資料に対しては、少しずつ認識されはじめ、国家意識の高まりとともに、文化財の不法輸出入を禁止する動きが見られた（「文化財の不法な輸出、輸入および所有権譲渡の禁止および防止に関する条約」、一九七〇年）。これも文化財を取り巻く国際環境の変化のひとつとして読みとることができるだろう。

いま述べた収集の倫理、行動基準に対する意識は、国際博物館会議の倫理規定に反映されている。一九八六年には、アルゼンチン・ブエノスアイレスにおける第十五回国際博物館会議総会で、博物館の「職業倫理規定」が制定された。これは専門家集団にとって歩み出すべき第一歩であるが、国際レヴェルで倫理基準が制定されたことは画期的なことであった。さらに、時代の変化に対応するべく二〇〇一年七月には、スペイン・バルセロナ総会で職業倫理規定が改訂されている。倫理規定は国際レヴェルでの努力の結晶であり、博物館の業務が専門化した証でもある。

ところで、ここまでは何気なく「博物館」という言葉を用いてきたが、よくよく考えて見ると、博物館という概念自体が非常に曖昧である。その結果、国際レヴェルでの議論になると、概念や定義の甘さゆえに、議論が嚙み合わない場合がしばしばある。

博物館の定義や制度は国によってさまざまであり、たとえば、イギリスでは「博物館とは、公共の利益のために、物質的な証拠とその関連情報の収集、記録、保存、展示解説を行なう施設である」（一九八四年）という定義であったが、最近見直しを行ない「博物館は、社会から委託された資料や標本を収集・保存し、利用しやすくする組織であり、このコレクションによって人びとが知的興奮や学習、楽しみを得ることを可能にしてくれる施設である」（英国博物館協会、一九九八年改訂）と再定義している。ドイツでは「博物館とは、ひとつの総合テーマのもとで整理された事物のコレクションであって、指定の場所に恒久的に展示されているもの」（ドイツ市議会、一九六四年）という。

これに対し、文化大国・博物館大国であるフランスには、博物館の定義は存在しない。専門分野別に区分した行政規定の形で定められているにすぎない。本書にも述べているように、「子ども博物館」はコレクションを持たないゆえに、博物館とは認められていない。核となるコレクションを有することが、博物館の存立要件となっているのである。

紙面が残り少なくなってきたので、筆を急がせよう。

わが国の博物館の父・棚橋源太郎は『世界の博物館』（一九四七年）のなかで、次のように述べている。

「我が日本が、眞の文化国家として世界に伍していくためには、もつともつとかういふ文化施設を拡充強化して、眞に世界に誇るに足るところの、質量ともに優秀な博物館や美術館等を、澤山建て、国民全般にこれを活用させ、各自がその教養を高め、情操を豊にして、国家とともにその文化水準を高位にまで昂めていくやうにしなければならないのである。そして、そのためには、国民の誰もが、かゝる文化施設に対して、深い理解と関心とを持つて、その事業を支援育成し、その達成に協力していくことは當然のことである。」（二一六頁）

この状況と博物館を発展させる考え方は五〇年以上経ったこんにちでも、まったく同じことが言える。棚橋が言う「事業を支援育成」していくためには、メソドロジー（方法論）の確立が必要であり、ミュージアム・マネジメントのシステムづくりが最大の課題であろう。そして、わが国の「読み、書き、算盤《そろばん》」というリテラシーの徹底が、教育力つまり国力を発展させたように、わが国の教育力を再び強め、文化基盤を堅固たるものにしていくためには、博物館を使いこなせる能力、つまり「博物館リテラシー」を育てていく必要がある。神殿的なモニュメントであった博物館が脱皮を図り、市民の広場となり、生涯学習社会において誰もが使える道具とならなければ、博物館文化の成長には貢献しないであろう。

確かに、大航海時代から見れば、珍奇物を集めることもなく、こんにちではある意味で資料収集が困難な時代になった。しかし、過去の時代にはなかったさまざまな技術やインターネットという技術的恩恵を現在の私たちは持っている。博物館の保有している文化資源や情報資源を再評価し、文化・教育機関としての博物館を、もっと使いやすいものにしていく努力を怠ってはならない。

そのための思想的基盤・概念的枠組み、実学としての道具が博物館学である。

最も保守的・伝統的な保存学でさえ、思想的、技術的には、劇的に変化している。とはいえ、どんなに社会が変わろうと、博物館の本質はいささかも変わっていないし、また、これからもその本質は変わらないであろう。歴史を保存し、資料を収集し、教育的活用を図り、将来のために役立たせる。そのために貴重な資料を選択し、失われていく文化財に対して保護の手を差しのべていく役割は、博物館の使命であり、責務でもある。博物館の教育活動が重視されるからと言って、基礎的な資料の調査研究、収集、保存活動は変わるわけではなく、ますます重責を担っていくのである。

文化政策の一貫性、博物館行政の継続性、文化財とデータの蓄積性、芸術作品の活用と文化産業への貢献すなわち拡張性は、成文化されていないものの、博物館を運用していく際の基軸となっている。フランスの底力はこのあたりから生まれているように思われる。

これまで二、三の文献でフランスの博物館事情について紹介されたものはあったが、フランスの伝統的な博物館学が正面から紹介されたことはなかった。今回、文庫クセジュのひとつとして出版されたことは、フランス博物館学の基礎的な考え方を一瞥できるため、博物館研究者のみならず、博物館学をこれから学ぼうとしている人たちにとっても大いに参考になるだろう。初版は一九六〇年に出版されたが、本書は第二版の翻訳である。著者リュック・ブノワはフランス博物館名誉学芸員であり、博物館の世界を共通概念と専門用語を用いて博物館学体系化の礎を築いた。古典的名著に耳を傾ける余裕を持ち、わが国における新しい世紀の博物館のあり方について、あるいはレゾン・デートル（存在意義）を、いまあらためて見つめ直すことも必要であるように思う次第である。

訳者

二〇〇二年二月

欧米の博物館・美術館案内

ここでは，フランスを中心に欧州の博物館と米国の主要博物館を収録した。こんにちでは，各博物館がウェブサイト上で博物館の運営情報や展示資料に関する情報を積極的に公開しているので参照されたい．国際博物館会議（ＩＣＯＭ）のバーチャルミュージアム（http://www.icom.org/vlmp/）は世界の博物館が一覧できるので参考になるだろう．

【フランス】

オランジュリー美術館 Musée de l'Orangerie
Place de la Concorde, 75001 Paris
チュイルリー公園内の小さな美術館．セザンヌ，モネ，ルノワールなどのコレクションを収蔵・展示．

オルセー美術館 Musée d'Orsay
rue de Bellechasse, 75007 Paris
駅舎を改装して1986年にオープンしたミッテラン大統領のグラン・プロジェのひとつ．印象派の作品が中心．

音楽博物館 Musée de la Musique, Cité de la Musique
221, Avenue Jean-Jaures, 75019 Paris
古代から現代までの楽器4500点を収蔵，そのうち900点を展示．楽曲を聞きながら見学できる．

科学産業都市 Cité des Sciences et de l'Industrie
30, Avenue Corentin Cariou, 75019 Paris
1986年に開館した世界最大級の科学系博物館．科学と芸術の融合をめざして展示を試みる第三世代の科学館．

ギメ美術館 Musée Guimet - Musées national des Arts asiatiques
6, Place d'Iéna, 75116 Paris
インド，中国，日本など東洋美術・工芸品のコレクションが中心．1888年開館．

クリュニー美術館 Musée de Cluny
6, Place Paul-Painlevé, 75006 Paris
ローマ時代の浴場跡にある．タピスリーや中世の美術品コレクションが充実している．

軍事博物館 Musée de l'Armée
Hôtel National des Invalides, Esplanade des Invalides 75007 Paris
アンバリッド（廃兵院）横に設置された軍事博物館．フランス国内外の武器，武具コレクションを展示．

国立近代美術館 Musée National d'Art Moderne, Centre G.Pompidou
rue Rambuteau, angle rue St-Merri, 75004 Paris
ポンピドーセンター内にある20世紀初めから現代までのコレクション．1977年開館．マチス等の作品を展示．

国立自然史博物館 Musée National d'Histoire Naturelle
57, rue Cuvier, 75006 Paris
王立植物園内にある世界第一級の博物館．グランギャラリー，鉱物博物館，化石標本館など収蔵品が充実している．

国立民俗博物館 Musée National des Arts et Tradition Populaires
Bois de Boulogne, 6, route du Mahatma-Gandhi, 75116 Paris
フランスの民俗資料を多方面に収集．2008年にマルセイユに移転する計画あり．

人類博物館 Musée de l'Homme
Palais de Chaillot, Place du Trocadéro, Paris
世界各地の民族資料，人類学，先史学のコレクションを収集．

発見の宮殿 Palais de la Découverte
Avenue Franklin-Roosevelt, 75008 Paris
科学現象をデモンストレーションによって提示する教育重視の博物館．

フランス歴史博物館 Musée de l'Histoire de France, Archives nationals
60, rue des France-Bourgeois, 75003 Paris
中世からのフランスの王朝に関する歴史博物館．

ピカソ美術館 Musée Picasso
Hotel Sale, 5, rue de Thoorigny, 75003 Paris
マレ地区の17世紀の館を改装して1985年に開館．1895年から1972年までのピカソの作品を展示．

ルーヴル美術館 Musée du Louvre
34-36, Quai du Louvre, 75001 Paris
1793年に開館，世界最大級の美術館．古代オリエント美術，イスラム美術，彫刻，絵画，版画，工芸品など．

ロダン美術館 Musée Rodin
77, rue de Varenne 75007 Paris
彫刻家ロダンに関する作品を展示. 1916年に開館.

工芸院付属国立技術博物館 Musée National des Techniques
Conservatoire national des Arts et Metiers
292, rue Saint-Martin, 75003 Paris
科学実験器具や産業器械, 交通, 気象観測, 通信機械などを収蔵・展示.

【イギリス】
国立肖像画美術館 National Portrait Gallery
St.Martin's Place, Trafalgar Square, London WC2
王室, 政治家など英国史上の著名人の肖像画, 自筆文書などを収蔵. 1856年開館.

大英自然史博物館 The British Museum, Natural History
Cromwell Road, South Kensington, London E28 EA
動物, 植物, 古生物, 鉱物などを展示. 大英博物館の自然史部門.

大英博物館 The British Museum
Great Russel Street, London WC1B 3DG
古代から中世史資料, 民族資料, コイン, 版画など1000万点以上の収蔵品を有する1753年創立の世界最大級の総合博物館.

テート・ギャラリー Tate Gallery
Millbank, London SW1P 4RG
ヘンリー・テート卿の寄贈によって設立した. イギリス絵画, ヨーロッパ現代美術のコレクション. 1897年開館.

ロンドン科学博物館 The Science Museum
Exhibition Road, South Kensington, London SW7
産業革命に関する資料をはじめ, 医学, 交通, 化学などの資料を展示. イギリス最大の科学技術博物館.

【イタリア】
アッカデミア美術館（ヴェネツィア） Gallerèa dell'Accadèmia
Campo dellà Carità, Venezia
1750年創立の美術学校の付属美術館. 14～18世紀のベネチア派のコレクションを有する.

アッカデミア美術館（フィレンツェ） Gallerèa dell'Accadèmia
Via Ricasoli, 60, Firenze
ミケランジェロ，ボッティチェッリなどトスカーナ派の絵画コレクション．彫像，絵画，宗教画などを展示している．

国立絵画館 Pinacoteca Nazionale
Via San Pietro, 29, Siena
シエナ派の宗教絵画，13〜17世紀のコレクションを所蔵．

ウフィッツィ美術館 Gallerèa degli Uffizi
Piazzale degli Uffizi, Firenze
イタリア最大の美術館．14〜18世紀のイタリア絵画のほか，フランドル派，ドイツ派の作品，ギリシア・ローマ彫刻など．

【オーストリア】
ウィーン美術史博物館 Kunsthistorisches Museum
1010 Wien, Burgring 5
ハプスブルク家のコレクションを基礎にした美術館．古代エジプト考古資料，楽器，工芸美術，彫刻，武器など展示している．

モーツァルト博物館 Mozartmuseum
A-5020 Salzburg, Schwarz Strasse
アマデウス・モーツァルトが使用した楽器や楽譜など，総合的な音楽記念館．1914年開館．

【オランダ】
アムステルダム国立博物館 Rijksmuseum Amsterdam
Stadhouderskade 42, Amsterdam
15〜19世紀のオランダ絵画を中心に，陶器，彫刻，家具，金銀ガラス細工などを収蔵．1885年開館．

国立ゴッホ美術館 Rijksmuseum Vincent Van Googh
Paulus Potterstaat 7, Amsterdam
ゴッホの油絵，デッサン，手紙など，遺贈コレクションを基礎に，1973年に開館．

国立民族学博物館 Rijksmuseum voor Volkenkunde
Steenstraat 1, Leiden
1837年に開館したインド，アフリカ，ポリネシアなどの民族資料コレクション．シーボルトによる日本資料も収蔵されている．

【ギリシア】
国立考古学博物館 Ethnikon Archaiologikon Mouseion
1, Tosistsa Street & Patission Street, Athens
1889年に開館したギリシア最大の博物館．先史時代からヘレニズム時代までの発掘資料コレクション．

【スイス】
国立スイス博物館 Schweizerisches Landesmuseum
Museum-strasse 2, Zurich
ローマ時代の武具，中世祭壇画，金銀細工など，歴史，工芸，民族資料を収蔵．1898年開館．

スイス交通博物館 Verkehrshaus der Schweiz
Lido-strasse 5, 6006 Luzern
鉄道，航空機などの交通関係，電信・通信機器などの総合博物館．広大な敷地にも屋外展示が多数．

【スウェーデン】
スカンセン野外博物館 Stifelsen Skansen
Djurgâden, 115 21 Stockholm
世界最古の野外博物館．1891年創立．各地の古い建物を移築し，伝統工芸品や当時の生活様式を再現．

【スペイン】
カタロニア美術館 Museo de Arte de Cataluna
Palacio Nacional del Parque de Montjuich, Barcelona
保存のためロマネスク教会から移設した壁画やゴチック祭壇画など豊富なコレクションを持つ．1934年開館．

ピカソ美術館 Museo Pablo Picasso
Calle Montcada, 15-17, Barcelona
1963年開館．ピカソの幼少時代の作品，ピカソの両親が保管していた作品，デッサン，油絵，寄贈作品など．

国立考古学博物館 Museo Arqueológico Nacional
Calle de Serrano 13, Madrid
旧石器時代から18世紀までの考古資料，洞窟壁画，先住民族資料，文化財など20万点を収蔵．1867年開館．

プラド美術館 Museo del Prado
Paseo del Prado, Madrid

スペインの巨匠の作品6000点を収蔵．フェルナンド7世の命によって1819年に開館．

【チェコ】

プラハ国立博物館 N_rodn_ Museum

Praha 1, Nov é Mêsto, Václavské námestì 68

自然科学，先史，古銭，歴史・考古，鉱物，生物，演劇，民俗資料を展示した総合博物館．1818年に開館．

【デンマーク】

国立博物館 National Muséest

Ny Vestergade 10, 1417 Kobenhaven

歴史，民族を中心に，デンマークの古代，有史時代，ギリシア・ローマ時代の資料を収蔵・展示．

国立美術館 Statens Museum for Kunst

Solugade, Kobenhaven

デンマーク王室コレクションを基礎に1896年開館．ルネッサンスから近代までの絵画，彫刻作品が豊富．

【ドイツ】

ドレスデン絵画館 Germälde Galerie Alte Meister

Julian-grimau-Alee Theaterplatz, Dresden

ザクセン王の離宮ツビンガー宮殿の一部を美術館として公開．15～18世紀の巨匠の作品を展示．

国立ゲルマニア博物館 Germanisches National Museum

Kornmarkt 1, Nünberg

世界初の地球儀など，美術工芸品に関するコレクションを豊富に収蔵している．

ダーレム博物館 Dahlem Museum

Arnimallee 23-27, D-1000 Berlin 33

絵画，彫刻，東アジア美術館（日本美術，朝鮮，中国），民族学博物館からなる総合博物館．

フンボルト大学自然史博物館 Museum für Naturkunde an der Humboldt-Universitat zu Berkin

Invaliden-strasse 43, 104 Berlin

古生物学，鉱物学，動植物学など自然史資料は豊富．大学での研究や教育活動とも連携して運営している．

ペルガモン博物館 Pergamon Museum
102, Bode-strasse 1-3, Museuminsel, Berlin
古代オリエント・ギリシア・ローマの遺物を収集した考古学古美術博物館. ゼウスの神殿などの復元で有名.

ゲーテの家 Goethe Haus und Goethe Museum
Grosser Hirchgraben, Frankfurt am Main
ゲーテの誕生から青年期までを過ごした家を記念館として公開. ゲーテの生涯や作品に関する資料が豊富.

アルテ・ピナコテーク Alte Pinakothek
Barer-strasse 27, Munchen
後期バロックから18世紀にいたるヨーロッパ絵画7000点を収蔵. 1836年開館. 1964年再建. 旧・絵画館とも言う.

ノイエ・ピナコテーク Neue Pinakotek
Barer-strasse 29, Munchen
1853年, アルテ・ピナコテークの隣に創立. 現在の建物は1981年に再建. ドイツロマン派, 印象派の作品を収集. 新・絵画館とも言う.

グリュプトテーク Glyptothek
Köhigsplatz 2, Munchen
古代彫刻美術館. ギリシア神殿風の新古典主義様式の建造物. ギリシア・ローマの彫刻コレクションが中心.

ドイツ博物館 Deutsches Museum
Museumsinsel 1, Munchen
1903年に創立し1925年に開館. 世界最大旧の科学技術史博物館. 約2万点の展示品と60数万冊の蔵書を収蔵.

中世犯罪博物館 Mittelalterliches Kriminalmuseum
Burggasse 3, D 8803 Rothenburg ob der Tauder
中世史の刑法や犯罪の処罰道具を中心に展示. 歴史・学術資料としての価値は十分.

【ノルウェー】
オスロ国立博物館 Nasjonal-Galleriet
Universitersgaten 13, Oslo
1837年開館. 現在の建物は1924年のもの. ムンクの作品コレクションは充実している.

ムンク美術館 Munch-Muséet
Toyengaten 53, Oslo
ムンクの水彩，油彩，版画，彫刻，蔵書，書簡など所蔵．これらの資料はムンクの遺言により寄贈されたもの．

【ベルギー】
アントワープ王立美術館 Koninklijk Museum voor Schone Kunsten
Leopold de Waelplaats 1-9, Antwerpen
1890年開館．初期フランドル派から国内外のコレクションを収蔵．ルーベンス，ファン・アイクの作品など．

王立楽器博物館 Musée Instrumental du Conservatoire Royal de Musique
Petit Sablon 17, 1000 Brussels
世界各地から収集した楽器約5000点を収蔵している．世界でも有数な楽器コレクション．

【ポルトガル】
国立馬車博物館 Museu Nacional dos Coches
Praça Afonso de Albuquerque Belem, Lisboa
国内外の馬車約70台を展示する世界最大の馬車博物館．16～19世紀の馬車を収集・展示している．

【ロシア】
プーシキン美術博物館 The Pushikin Museum of Fine Art
Ulitsa Volkhonka 12, Moskva
古代バビロニアから現代までの絵画，彫刻，工芸品コレクション．エルミタージュ美術館に次ぐ規模．前身はモスクワ大学付属美術研究所．

エルミタージュ美術館 The Hermitage Museum
34, Dvortsovaya Naberezhnaya, Sankt Peterburg
18世紀後半にエカテリーナ2世が収集した個人コレクションが基礎になっている．240万点を所蔵する世界最大規模の美術館．

【アメリカ】
シカゴ科学産業博物館 The Museum of Science and Industry
57th Street and Lake Shore Drive, Chicago, Illinois 60637
宇宙船，潜水艦，航空機，人体のスライス標本などの実物展示．鉱山の実物大模型もある．1933年開館．

シカゴ美術館 The Art Institute of Chicago
111 South Michigan Ave. at Adams street, Chicago, Illiois 60603-6110

レンブラント，ルノワール，スーラ，モネ，ドガ，ゴッホなど印象派の他に，日本の浮世絵，中国美術品が充実．

アメリカ自然史博物館 The American Museum of Natural History
Central Park West at 79th Street, New York, NY 10024
1869年に設立された世界最大規模の自然史博物館．3500万点に及ぶ資料を収蔵．考古学，人類学コレクションも豊富．

グッゲンハイム美術館 The Solomon R. Guggenheim Museum
1071 5th Avenue at 88th Street, New York, NY 10128
作品を鑑賞しながら螺旋状のスロープを下りてくる順路が特徴．フランク・ロイド・ライトの建築設計，1939年開館．

メトロポリタン美術館 The Metropolitan Museum of Art
5th Avenue at 82nd Street, New York, NY 10028
古代エジプト，中世美術，ヨーロッパ絵画，デッサン，アメリカ絵画，楽器コレクションなど1870年に開館した大規模美術館．

フィラデルフィア美術館 Philadelphia Museum of Art
26th Street & Benjamin Franklin Partkway, Philadelphia, PA19130
50万点以上のコレクションを持つ．世界各地の美術作品を収集．メトロポリタン美術館，ワシントンの国立美術館に次ぐ美術館．1876年開館．

ボストン美術館 Museum of Fine Arts, Boston
465 Huntington Avenue, Boston, Massachusetts 02115
エジプト，ギリシア，ローマ美術，東洋美術，欧米美術，陶磁器，工芸などのコレクション．日本美術も有名．1870年創設，1876年開館．

国立アメリカ歴史博物館 National Museum of American History
Constitution Avenue, 12-14th Street NW, Washington D.C.
アメリカの歴史と文化を中心に，政治史，産業・技術史の資料を収集，社会の発展が分かるように展示されている．

国立航空宇宙博物館 National Air and Space Museum
Independence Avenue at 10th Street. NW, Washington DC.
スミソニアン博物館群のなかでは，1976年に開館した比較的新しい博物館．航空宇宙の発展史を展望する．

索引

タ行

マ行

ヤ行

ラ行

ワ行

参考文献

一般

SALLES (Georges), *Le regard. La collection. Le musée. La fouille. Une journée d'école* (1939).

MICHEL (Edouard), *Musées et conservateurs* (Bruxelles, 1948).

第一章

BONNAFÉ (Edmond), *Les collectionneurs de l'ancienne Rome* (1867).

ID., *Les collectionneurs de l'ancienne France* (1869).

CABANNE (Pierre), *Le roman des grands collectionneurs* (1961).

CODET (Henri), *Essai sur le collectionnisme* (1921).

DUMESNIL (M.-J.), *Histoire des plus célèbres amateurs* (1855-1860).

EUDEL (Paul), *Collections et collectionneurs* (1885).

JULLIAN (Philippe), *Les collectionneurs* (1966).

HELFT (Jacques), *Mémoires d'un antiquaire* (Monaco, 1955).

RIS (L.-C. de), *Les amateurs d'autrefois* (1887).

RHEIMS (Maurice), *La vie érange des objects* (1959).

第二章

BAZIN (Germain), *Le temps des musées* (1968).

HANSMANN (Liselotte), Catalogue des «cabinets de curiosité» (in *Gebrauchsgraphik*, 1965, n° 6).

第三章・第四章

DAUMAS (Maurice), Vers un musée des techniques (in *Musées et Collections publiques de France,* 1963).

MARIJNISSEN (R. H.), Dégradation, conservation et restauration de l'oeuvre d'art, Bruxelles (Sequoia, 1966).

PLENDERLEITH (Harold-James), *La conservation des antiquités et des oeuvres d'art* (Eyrolles, 1965).

VARAGNAC (André), Notions de muséologie pré- et protohistorique, 1961 (*in Antiquités nationals et internationals,* 1960).

Muséographie, architecture et aménagement des musées d'art, publiée par l' ICOM. (1935).

L'organisation des musées, conseils pratiques (Unesco, 1959).

A compléter par le cours de M. G. Bazin à l'Ecole du Louvre.

第五章
LAVALLEYE (Jacques), *Introduction aux études d'archéologie et d'histoire de l'art* (Louvain, 1958).
LAVEDAN (Pierre), *L'histoire de l'art* (1944-1949).
VENTURI (Lionello), *Histoire de la critique d'art* (Bruxelles, 1938).
COLE (Sonia), *Faux crûnes et jaux tableaux* (1958).
EUDEL (Paul), *Le truquage* (1882).
ID., *Trucs et truqueurs* (1907).
HOURS-MIÉDAN (Mad.), *A la découverte de la peinture par les méthodes physiques* (1957).
ISNARD (Guy), *Les pirates de la peinture* (1955).
ID., *Faux et imitations dans l'art* (1959).
MAILFERT (André), *Au pays des antiquaires* (1935).
MENDAX (Fritz), *Le monde des faussaires* (1953).

第六章
L'essentiel se trouve dans *L'organisation des musées déjà citée.*
On y joindra la revue *Musées et collections publiques* (depuis 1954).
Le traitement des peintures (Unesco, 1951) *et le Traitement des supports en bois* (Unesco, 1955).
BAYARD (Emile), *L'art de soigner les oeuvres d'art* (1928).

第七章
MARANGONI (Matteo), *Apprendre à voir* (Neuchâtel, 1947).
BENOIST (Luc), *La naissance de Vénus* (Genève, 1951).
BOURDIEU (Pierre) et DARBEL (Alain), *L'amour de l'art, les musées et le public* (1966).
BREST (Jorge-Romero), *Essai sur la contemplation artistique* (Arted, 1965).

第八章
ARTHAUD (Claude), *Les maisons du génie,* 1966.
Mémoires collectifes:
Musées et enseignment (musée pédagogique, 1957).
Musées et jeunesse (I.C.O.M., 1952).
Musées et personnel enseignant (I.C.O.M., 1956).
La revue internationale *Muséum* (depuis 1948).
Répertoire des musées de France (Institut pédagogique, 1959).

日本語で書かれた博物館学関係文献

〔著者名（編者），書名，訳者名，出版社，出版年の順に表記した〕

1　博物館学，美術館学

加藤有次［ほか］編『新版・博物館学講座Ⅰ　博物館学概論』，雄山閣出版，2000年.

石森秀三『博物館概論-ミュージアムの多様な世界』，放送大学教育振興会，1999年.

網干善教編『博物館学概説』，関西大学出版部，1998年.

倉田公裕，矢島國雄『新編　博物館学』，東京堂出版，1997年.

大堀哲編『博物館学教程』，東京堂出版，1996年.

中村たかを編『博物館学概論』，源流社，1996年.

加藤有次『博物館学総論』，雄山閣出版，1996年.

西野嘉章『博物館学-フランスの文化と戦略』，東京大学出版会，1995年.

T・アンブローズ／C・ペイン『博物館の基本』，日本博物館協会訳，1995年.

大塚和義『博物館学Ⅱ　現代社会と博物館』，放送大学教育振興会，1995年.

大塚和義『博物館学Ⅰ　多様化する博物館』，放送大学教育振興会，1990年.

関秀夫『日本博物館学入門』，雄山閣出版，1993年.

伊藤寿郎監修『博物館基本文献集第十三巻・博物館学綱要　棚橋源太郎著（1950）』，大空社，1991年.

田辺悟『現代博物館論――地域博物館の理論と実務』，暁印書館，1985年.

中川成夫『博物館学論考』，雄山閣出版，1988年.

宮本馨太郎『民俗博物館論考』，慶友社，1985年.

富士川金二『改訂増補　博物館学』，成文堂，1983年.

間多善行『新説　博物館学』，ジー・ツー，1983年.

伊藤寿郎，森田恒之編『博物館概論』，学苑社，1978年.

加藤有次『博物館学序論』，雄山閣出版，1977年.

加藤哲弘［ほか］編『変貌する美術館　現代美術館学Ⅱ』，昭和堂，2001年.

太田泰人［ほか］編『美術館は生まれ変わる・二一世紀の現代美術館』，鹿島出版会，2000年.

並木誠士／吉中充代／米屋優編『現代美術館学』，昭和堂，1998年.

伊藤俊治監修／美術館メディア研究会編『美術館革命』，大日本印刷，1997年.

大島清次『美術館とは何か』，青英舎版，1995年.

長谷川栄『新しい美術館学-エコ・ミュゼの実際』，三交社，1994年.

井出洋一郎『美術館学入門』，明星大学出版部，1993年.

D・ジロディ／H・ブレイ『美術館とは何か』，松岡智子訳，鹿島出版会，1993年.

長谷川栄『美術館・美術館学』，至文堂，1981年.

2　展示論，デザイン論，博物館設計論

T・アンブローズ『博物館の設計と管理運営』, 水嶋英治訳, 東京堂出版, 1997年.
青木豊『博物館映像展示論-視聴覚メディアをめぐる』，雄山閣出版，1997年.
ディスプレイの世界編集委員会編『ディスプレイの世界』，六耀社，1997年.
西尾功編『文化・コミュニティ設計計画総覧 1998版』, 産業タイムズ社, 1997年.
湯本隆信編『ミュージアムデザイニング』，綜合ユニコム，1995年.
森宗『ディスプレイ・デザイン──展示計画入門』，ダヴィッド社，1988年.
R・S・マイルズ編『展示デザインの原理』，中山邦紀訳，丹青社，1986年.
武蔵野美術大学出版編集室『武蔵野美術NO.104　特集「展示・場・美術館」』，1997年.
国際博物館会議『博物館列品管理の方法』, 国際博物館会議日本委員会訳, 1973年.

3　調査研究論，資料論

長友恒人編『考古学のための年代測定学入門』，古今書院，1999年.
段木一行『博物館資料論と調査』，雄山閣出版，1998年.
S・A・ホルム『博物館ドキュメンテーション入門』，田窪直規監訳，勁草書房，1997年.
クシシトフ・ポミアン『コレクション-趣味と好奇心の歴史人類学』，平凡社，1996年.
波多野宏之『画像ドキュメンテーションの世界』，勁草書房，1993年.
青木豊『博物館技術学-博物館資料化への考古資料』，雄山閣出版，1985年.
岩井宏實［ほか］編『民具研究ハンドブック』，雄山閣出版，1985年.
杉本尚次『フィールドワークの方法』，講談社，1983年.
宮本常一『民具学の提唱』，未来社，1979年.
文化庁内民俗文化財研究会編『民俗文化財の手びき──調査収集保存活用のために』，第一法規出版，1979年.
文化庁文化財保護部編『埋蔵文化財発掘調査の手びき』, 国土地理協会, 1966年.

4　保存科学

杉山真紀子『博物館の害虫防除ハンドブック』，雄山閣出版，2001年.
田中琢編『日本の美術 9　美術を科学する』，至文堂，1999年.
田邊三郎助／登石健三監修『美術工芸品の保存と保管』，フジ・テクノシステム，1998年.
沢田正昭『文化財保存科学ノート』，近未来社，1997年.
L・A・ザイコルマン，J・R・シュロック共編『博物館の防虫対策手引き』，杉山真紀子／佐藤仁彦訳，淡交社，1991年.
丹青総合研究所編『文化財・保存科学の原理──文化財の劣化・損傷要因とその保存対策』，丹青社，1990年.
G・トムソン『博物館の環境管理』，東京芸術大学保存科学教室訳，雄山閣出版，1988年.

5　保存行政論

日本展示学会編『地域博物館への提言――討論・地域文化と博物館』，ぎょうせい，2001年.

グザヴイエ・バラル・イ・アルテ『美術史入門』，吉岡健二郎／上村博訳，文庫クセジュ821，白水社，1999年.

文化庁文化財保護部監修『文化財保護行政ハンドブック』，ぎょうせい，1998年.

日本博物館協会編『博物館関係法令集』，日本博物館協会，1999年.

文化庁文化財保護部監修『文化財保護関係法令集』，ぎょうせい，1997年.

文化庁文化財保護法研究会編『文化財保護法-改正のポインQ＆A』，ぎょうせい，1997年.

大河直躬編『歴史的遺産の保存――活用とまちづくり』，学芸出版社，1997年.

加藤一郎／野村好弘編『歴史的遺産の保護』，信山社，1997年.

総務庁行政監察局編『文化行政の現状と課題』，大蔵省印刷局，1996年.

H・R・スネドコフ『都市開発と文化施設-複合用途開発の新たな戦略』，伊藤杏里訳，鹿島出版会，1992年.

岩井宏實編『博物館つくりと地域おこし』，ぎょうせい，1991年.

6　博物館政策，経営論，管理運営論

石森秀三編『博物館経営・情報論』，放送大学教育振興会，2001年.

D・アンダーソン／塚原正彦『ミュージアム国富論』，土井利彦訳，日本地域社会研究所，2000年.

塚原正彦『ミュージアム集客・経営戦略』，日本地域社会研究所，1999年.

金山喜昭著『地域博物館のソーシャル・マーケティング戦略』，ミュゼ，1999年.

根木昭［ほか］著『美術館政策論』，晃洋書房，1998 年.

大堀哲［ほか］編『ミュージアムマネージメント』，東京堂出版，1996年.

諸岡博熊『ミュージアムマネージメント――産業文化施設の運営』，創元社，1993年.

長谷川栄『新しいソフト・ミュージアム――美術館運営の実際』，三交社，1997年.

諸岡博熊『博物館経営論』，信山社，1997年.

国際博物館会議『博物館組織――その実際的アドバイス』，国際博物館会議日本委員会訳，1973年.

7　博物館教育論，学芸員論

金山喜昭［ほか］著『学ぶ心を育てる博物館』，ミュゼ，2000年.

日本民俗学会編『民俗世界と博物館　展示・学習・研究のために』，雄山閣出版，1998年.

大堀哲編『教師のための博物館の効果的利用法』，東京堂出版，1997年.

段木一行『学芸員の理論と実践』，雄山閣出版，1997年.

J・H・フォーク／L・D・ディアーキング『博物館体験――学芸員のための視点』，高橋順訳，雄山閣出版，1996年.

増田洋『学芸員のひとりごと――昨今美術館事情』，芸艸堂，1993年.

広瀬鎮『博物館社会教育論』，学文社，1992年.
博物館学研究会編『学芸員――その役割と訓練』，博物館学研究会，1974年.

8　博物館史

グザヴィエ・バラル・イ・アルテ『中世の芸術』，西田雅嗣訳，文庫クセジュ 836，白水社，2001年.
R・ウェシュラー『ウィルソン氏の驚異の陳列室』，大神田丈二訳，みすず書房，1998年.
椎名仙卓『図説　博物館史』，雄山閣出版，1993年.
乃村工藝社社史編纂室編『ディスプレイ百年の旅』，乃村工藝社，1993年.
伊藤寿郎監修『博物館基本文献集第十六巻・棚橋源太郎著　博物館・美術館史(1957)』，大空社，1991年.
伊藤寿郎監修『博物館基本文献集第三巻・仏蘭西博物館制度の調査（1929）文部省普通学務局』，大空社，1990年.
椎名仙卓『明治博物館事始め』，思文閣出版，1989年.
椎名仙卓『日本博物館発達史』，雄山閣出版，1988年.
倉内史郎［ほか］編『日本博物館沿革要覧』，野間教育研究所，1981年.
棚橋源太郎『世界の博物館』，講談社，1947年.

9　博物館学シリーズ，事典，目録類

加藤有次［ほか］編『新版　博物館学講座』，全十五巻，雄山閣出版，1999年～.
大堀哲監修『博物館学シリーズ』，全七巻，別巻一，樹村房，1999～2001年.
倉田公裕監修『博物館学事典』，東京堂出版，1996年.
日本展示学会編『展示学事典』，ぎょうせい，1996年.
加藤有次／椎名仙卓編『博物館ハンドブック』，雄山閣出版，1990年.
日本博物館協会編『博物館研究　文献目録』，日本博物館協会，1980年.
日外アソシエーツ編集部編『企業博物館事典』，日外アソシエーツ，1997年.
電通プロックス／丹青総合研究所編『イベント・展示映像事典』，丹青社，1988年.
丹青総合研究所編『博物館・情報検索事典』，丹青社，1986年.

訳者略歴
水嶋英治（みずしま・えいじ）
一九五六年生まれ
東京理科大学卒
フランス国立文化財学院修了（博物館学、文化財保存管理論専攻）。一九九三〜九七年、ラ・ヴィレット科学産業都市（フランス国立科学産業博物館）国際開発局勤務
二〇〇一年、日本ミュージアムマネージメント学会第二回学会賞受賞
常磐大学大学院教授
主要著訳書
『博物館情報論』『博物館機能論』（共著、雄山閣出版）
『博物館情報論』『博物館学基礎資料』（共著、樹村房）
ティモシー・アンブローズ『博物館の設計と管理運営』（東京堂出版）
ロバート・バークレー編『歴史的楽器の保存学』（音楽之友社）
エリザベス・オルナ他『博物館情報学入門』（勉誠出版）

本書は二〇〇八年刊行の『博物館学への招待』第四刷をもとにオンデマンド印刷・製本で製作されています。

博物館学への招待

二〇〇二年三月三〇日第一刷発行
二〇二四年五月三〇日第六刷発行

訳者 © 水嶋英治
発行者 岩堀雅己
印刷・製本 大日本印刷株式会社
発行所 株式会社 白水社

東京都千代田区神田小川町三の二四
電話営業部〇三（三二九一）七八一一
編集部〇三（三二九一）七八二一
振替 〇〇一九〇—五—三三二二八
郵便番号 一〇一—〇〇五二
www.hakusuisha.co.jp
乱丁・落丁本は、送料小社負担にてお取り替えいたします。

ISBN978-4-560-05849-7
Printed in Japan